FILHAS DA
Deusa

LINDA JOHNSEN

FILHAS DA Deusa

As mulheres santas na Índia de hoje

Edição revista

Tradução
Beatriz Penna

2ª Edição

NOVA ERA

CIP-BRASIL. CATALOGAÇÃO-NA-FONTE
SINDICATO NACIONAL DOS EDITORES DE LIVROS, RJ

J64f   Johnsen, Linda, 1954-
2ª ed.   Filhas da deusa: as mulheres santas na Índia de hoje /
Linda Johnsen; tradução de Beatriz Penna. - 2ª ed. - Rio
de Janeiro: Nova Era, 2009.

Tradução de: Daughters of the Goddess
Contém glossário
ISBN 978-85-7701-227-5

1. Mulheres no hinduísmo. 2. Santas - Índia. I. Título.

08-5351.   CDD: 294.544
                                           CDU: 233

Título original em inglês:
Daughters of the Goddess

Copyright © 1994 by Linda Johnsen

Editoração eletrônica: Abreu's System
Capa: Valéria Teixeira

Texto revisado segundo o novo Acordo Ortográfico da Língua Portuguesa.

Direitos exclusivos de publicação em língua portuguesa para o Brasil
adquiridos pela EDITORA NOVA ERA um selo da EDITORA BEST SELLER LTDA.
Rua Argentina 171 – Rio de Janeiro, RJ – 20921-380 – Tel.: 2585-2000
que se reserva a propriedade literária desta tradução.

Impresso no Brasil

ISBN 978-85-7701-227-5

PEDIDOS PELO REEMBOLSO POSTAL
Caixa Postal 23.052
Rio de Janeiro, RJ – 20922-970

Sumário

Agradecimentos

ALGUNS TRECHOS DESTE LIVRO apareceram originalmente no *Yoga Journal* e em *Yoga International*. Gostaria de expressar minha gratidão às equipes dessas duas publicações por constantemente trazerem as histórias das mulheres espiritualizadas da Índia à atenção do público norte-americano.

Obrigada, Johnathan, por reduzir minha participação no aluguel enquanto este livro estava sendo escrito! (Janardananananda, como Sri Ma afetuosamente chama meu marido, é um verdadeiro *putro devyah*, filho da Mãe Divina. Acredito que nem Sita tenha tido um companheiro melhor. Jai Janardan!)

Pranams ao *pandit* Rajmani Tigunait, o primeiro a conduzir esta agnóstica inculta e excessivamente impetuosa ao templo de Sri Vidya e a me apresentar à Deusa.

Também quero agradecer à Deusa do Brahma Yoni Mandir, que fica além dos limites de Gaya. Quando, devastada pelo cólera, eu estava chorando de frustração por estar fraca para subir as centenas de degraus e poder participar do culto em seu santuário, ela desceu a montanha e entrou em minha mente sob a forma de horas de enlevada meditação. Quando finalmente me ergui, minha força tinha se restabelecido. Sem a sua graça, não teria completado esta peregrinação.

Om Aim Sarasvatyai Namaha!
Om Shrim Lakshmyai Namaha!
Om Hrim Kali Durge Namaha!
Om Amriteshvaryai Namaha!

Filhas da Deusa

— PARECE QUE A ÍNDIA tem produzido mais santos *per capita* do que qualquer outra cultura na história — digo ao *pandit*, entre bocados de *chapati*. — Existem centenas deles, de Buda a Mahatma Gandhi, Ramakrishna, Ramana Maharshi, Paramahansa Yogananda. Por que não existem mulheres indianas santas?

Surpreso, o *pandit* Rajmani ergue os olhos. Estamos jantando ao estilo indiano, sentados de pernas cruzadas em torno de uma toalha de mesa branca caprichosamente estendida sobre o chão da sala.

— Existem milhares de santas na Índia — diz ele. — Só porque não há livros sobre elas você pensa que não existem.

A esposa do *pandit* nos observa da porta da cozinha, pronta para descer com conchas cheias de *curry*, no caso de algum espaço vazio aparecer nos finos pratos de aço inoxidável. Seguindo o costume indiano, ela não vai comer até que os convidados tenham terminado. Eu quero respeitar as normas de sua cultura, mas, honestamente, isto me deixa extremamente constrangida.

— Se você for ao Himalaia — explica o *pandit* —, encontrará muitas *bhairavis*, iogues tântricas que vivem nas cavernas e nas florestas, fazendo penitência. No entanto, a maioria das mulheres santas permanece com a família, purificando-se por meio da servidão a outras pessoas. Toda manhã, antes que a família desperte, cada uma delas se senta em frente do altar de casa, fazendo suas devoções e orando. Não se importam com nome e fama. Nem mesmo as pessoas da vizinhança sabem quem elas são. No seu país, vocês acreditam que ninguém pode ser um santo, a menos que faça seminários.

Não toquei no iogurte; não consigo imaginar como comê-lo com os dedos. Observo Rajmani misturar um punhado de arroz aromático *basmati* no seu iogurte e jogar a gotejante bola de cereal dentro da boca.

— Você já ouviu falar de Agastya? — continua ele. Inclino a cabeça afirmativamente, reconhecendo o nome do lendário *brahmarishi* (aquele que vê e compreende Deus) védico. — Ele foi um grande sábio, um dos maiores que já existiram. E, mesmo assim, achava que sua compreensão não estava completa. Queria ser iniciado em Sri Vidya, o supremo conhecimento secreto da Deusa. Tinha ouvido falar de um mestre dessa tradição numa província distante e, um dia, partiu para encontrá-lo. Naquela época, a viagem era feita a pé, e, assim, ele precisou de muitos meses para alcançar esse homem. Mas, quando chegou lá, o mestre lhe disse: "Desculpe-me, não posso iniciá-lo. Na verdade, você já está mais avançado do que eu. A única pessoa qualificada para lhe ensinar é meu próprio guru, o fundador desta linhagem." Agastya ficou muito animado. "Onde posso encontrar esse grande guru?", perguntou. O mestre lhe disse o nome da província onde seu guru morava. Agastya ficou chocado. "Mas essa é a *minha* província!", falou. Ficou envergonhado de saber que um mestre de tal magnitude morava na sua vizinhança e ele não sabia. Ele mesmo tinha milhares de discípulos; nunca lhe ocorrera que um líder maior do que ele próprio pudesse viver na mesma região. Então, o mestre lhe disse o nome da vila onde seu guru morava. "Mas essa é a *minha* vila!", falou Agastya, ainda mais embaraçado. E então o mestre descreveu a casa onde seu guru morava. "Mas essa é a *minha* casa!", disse Agastya. Ele era um homem baixo, mas agora se sentiu minúsculo. Finalmente, o mestre lhe disse o nome do seu guru: o supremo mestre plenamente realizado Lopamudra. "Mas essa é a minha *esposa!*", gritou Agastya.

Rajmani ri e pisca o olho para Mira, que ainda permanece no portal com o pote de *curry*. Os olhos dela brilham.

Essa história lança luz sobre um dos meus relatos favoritos que se encontra nas antigas escrituras sagradas hindus, os Vedas.

— O senhor se lembra — pergunto — da história na qual Agastya está ocupado com suas práticas ascéticas e Lopamudra se esgueira para perto dele e lhe pede que faça amor com ela? No início, ele resiste, mas ela é muito persistente e, finalmente, ele cede. Eu pensei que o texto terminaria dizendo: "E então Agastya perdeu o fruto de mil anos de rigorosa penitência", como muitas das escrituras ióguicas falam, sempre que alguém comete um deslize e faz sexo. Mas o texto termina: "Agastya tornou-se um sábio ainda mais poderoso, porque nutriu ambos os caminhos: o da renúncia e o da vida secular."

— Sim, sim! No início, Agastya acreditava que a mortificação era o único modo de compreender Deus. Lopamudra mostrou a ele que a vida mundana, quando imbuída da consciência divina, também pode levar uma pessoa a Deus. Não foi uma sedução, mas uma iniciação. Lopamudra era uma mestra de Sri Vidya. Ela conhecia a Deusa. Compreendia o Tantra.

— Mas mulheres como ela eram raras.

Rajmani sorri para mim.

— De modo algum. Você sabe que na religião hindu dizemos que todos os seres são divinos. No coração, somos um com Deus.

— Sim, Panditji. Esta é uma das coisas que me atraíram à Índia.

— Mas você sabia que a primeira pessoa a declarar essa unidade foi uma mulher? No *Rig Veda*, no nosso texto mais antigo, há uma passagem chamada Devi Sukta. Compreendendo que era una com a Mãe Cósmica, a vidente Ambhrini cantou...

E Rajmani começa a cantar em védico. Não consigo acompanhar o sânscrito arcaico, mas me lembro do hino, um dos mais famosos dos Vedas.

> Eu sou a Rainha, fonte do pensamento, o
> conhecimento em si!
> Você não me conhece, embora resida em mim.
> Eu me anuncio em palavras, dando boas-vindas tanto
> aos deuses quanto aos humanos.
> Do cume do mundo fiz nascer o céu!

> A comoção é o meu alento, todas as criaturas vivas são
> a minha vida!
> Além da extensa terra, além do vasto firmamento,
> A minha magnificência se estende para sempre!

No êxtase da sua meditação, Ambhrini tinha descoberto a Mãe do Universo no âmago do próprio ser.

A esposa do *pandit* nos serve *gulab jamen*, bolinhos fritos cobertos com calda de açúcar. Aproveito a oportunidade para lhe perguntar:

— Mira, durante a infância você ouviu falar de mulheres santas?

— Quando eu era criança — conta ela —, minha heroína era Mira Bai. O meu nome foi dado em sua homenagem. Ela teve muitos problemas durante a vida, porque era mais devotada a Deus do que ao marido, mas, hoje, não há nenhuma vila na Índia onde suas canções não sejam entoadas.

— As mulheres santas da Índia são as joias da sua tiara. São as filhas da Deusa — diz Rajmani. — Você precisa conhecer mais sobre elas. Mesmo hoje em dia, há grandes mulheres santas na Índia. — Rajmani, que está me ensinando o sânscrito, sabe que gosto de escrever. — Talvez você deva escrever um livro.

Rio da sua sugestão, mas resolvo saber mais sobre as "joias da tiara" da Índia.

Rajastan. Século XVI. Mira Bai tinha 5 anos de idade. Havia uma agitação na rua; ela correu para a janela para ver o que estava acontecendo.

— É um cortejo de casamento — explicou a mãe de Mira.

— Aquele senhor ali é o noivo. Está indo encontrar a noiva.

— Quem é o *meu* marido? — perguntou Mira.

— O senhor Krishna é o seu marido — respondeu a mãe, apontando para a imagem da divindade familiar no altar caseiro, o príncipe vaqueiro Krishna.

Segurando uma flauta nos lábios sensuais, a divindade sorria para elas.

Rapidamente, um sério problema com consequências de longo alcance se desenvolveu. Mira não percebeu que a mãe estava brincando. No início, era engraçado ver a pequena criança trazendo pratos de comida quente para oferecer à estátua; ouvi-la tocar seus címbalos enquanto cantava diante da imagem, primeiro as canções devocionais que os pais haviam lhe ensinado e, depois, melodias cabalísticas que ela própria compunha. Mas, à medida que os anos se passavam e Mira continuava a se sentar diante de Krishna cantando sinceramente seu amor, seus pais começaram a temer por sua sanidade. Já estava na hora de encontrar um marido real para ela.

Nessa questão, eles foram espetacularmente bem-sucedidos. Bhojraj, príncipe de Chittor, passava pela cidade quando, por acaso, ouviu uma voz adorável cantando apaixonadamente para Deus. Seu ouvido o conduziu até Mira, cuja radiância tirou-lhe o fôlego. Rapidamente, enviou uma proposta de casamento a seus pais, que ficaram emocionados.

Mira, no entanto, sentiu-se dilacerada. Mas não havia saída: os pais, que simplesmente não compreendiam que ela já estava casada, forçaram Mira a se casar. Na corte de Chittor, no noroeste da Índia, Mira desempenhava todas as obrigações de uma zelosa dona de casa hindu. Contudo, tão logo terminavam as responsabilidades diárias, ela fugia para seu aposento particular de meditação a fim de oferecer suas devoções a Krishna.

O príncipe Bhojraj logo descobriu que se sentir atraído por uma mística intoxicada de Deus era uma coisa e que precisar viver com ela era outra. A devoção sincera de Mira logo o deixou irritado, e seus parentes estavam convencidos de que ela era uma lunática. Sua religião ensinava que se entregar de todo o coração a Deus era o mais elevado dos ideais, mas estadistas consumados como a família real de Chittor entendiam que tais ideais eram úteis para manipular os tolos; não eram para serem assumidos literalmente. Mira foi proibida de fazer devoções a Deus dentro dos limites do palácio.

Então, algo verdadeiramente chocante aconteceu. Mira pegou a imagem de Krishna e foi ao templo público fazer suas reverências. Ondas de fúria ecoaram no palácio. Era inconcebível que uma mulher da alta casta fizesse devoções num templo da cidade entre pessoas comuns. Mas, à medida que a popularidade de Mira crescia junto aos habitantes locais, multidões se reuniam para ouvir suas canções e participar de sua dança extática sempre que ela aparecia. Enquanto isso, sua popularidade em casa diminuía desesperadamente. Diversos atentados contra a vida de Mira foram orquestrados por sua exasperada sogra.

Essas tentativas fracassadas de homicídio são o material das lendas. O veneno transformado em néctar ao tocar os lábios de Mira. A víbora que virou uma grinalda quando ela a colocou ao redor do pescoço. Os grossos pregos deixados em seu leito que lhe pareceram pétalas de lótus. Enquanto os frustrados parentes de Mira se enfureciam, ela dormia profundamente. Hoje, essas histórias são consideradas metáforas, mas durante quatro séculos os indianos entenderam tais episódios como reais.

As notícias sobre a extraordinária devoção de Mira se espalharam pelas províncias vizinhas, atraindo centenas, e depois milhares de devotos, que vieram se juntar a ela em sua adoração. Finalmente, a notícia chegou aos ouvidos de Akbar, o imperador maometano da Índia, que disfarçado de monge hindu veio ver, por si mesmo, a princesa santa. Ao saber posteriormente que esse cruel inimigo havia tocado os pés de sua esposa, Bhojraj não conseguiu mais suportar. Mira foi banida.

Cercada por devotos, Mira começou alegremente uma peregrinação pelos locais sagrados associados à vida da encarnação divina de Krishna: Vrindaban, onde ele cresceu cuidando de vacas e namorando as ordenhadoras; Mathura, onde ele derrotou o voraz rei Kamsa; Dwaraka, onde reinou até sua morte, no ano de 3102 a.C. Em casa, os acontecimentos não eram tão ditosos. O campo fora devastado por um furacão, e o povo estava convencido de que o culpado era Bhojraj. Obviamente, Krishna estava punindo o rei pela maneira perniciosa com que havia tratado Mira. Castigado, Bhojraj começou sua peregrinação, procurando a esposa para implorar que ela voltasse, pelo bem do seu povo faminto.

Mira voltou e foi recompensada com total liberdade religiosa durante o tempo em que o marido permaneceu vivo. Infelizmente, após a morte dele, os parentes recomeçaram seus ataques, e Mira partiu novamente, dessa vez para sempre. Vagou livremente por todo o norte da Índia, fora de si com o amor a Deus, compondo espontaneamente canções como estas:

Deixe-me segui-Lo, Senhor, porque sem Você não
    posso viver!
Sem Você, sou um lótus sem lago, uma noite sem luar.
Anseio por Você a cada momento, perambulando
    como uma demente,
Suspirando em agonia por estar separada de Você!
Os dias passam sem alimento, as noites sem sono:
O sofrimento é maior do que posso expressar!

Para onde posso ir? Só posso esperar por Você.
Por que Você está demorando, Você que reside no
    coração de todos os seres?
Mestre, conceda-me Sua graça, porque sou Sua serva
Por todas as minhas vidas futuras.
Senhor, desfaleço de amor e ternura
Aos Seus sagrados pés em forma de lótus!

As pessoas estavam convencidas de que Mira era a reencarnação de Radha, a camponesa que seguia Krishna por todos os lugares em Vrindavan e que se tornou sua amante favorita. Krishna partira para Mathura, a fim de cumprir seu destino político, e Radha suspirara por ele a cada momento até o fim da sua vida. Na iconografia religiosa evocativa do hinduísmo, Radha, assim como Mira, personifica a alma humana buscando, de modo apaixonado, o divino.

De acordo com a lenda, com uma idade muito avançada, enquanto dançava em êxtase, Mira caiu diante da imagem de Krishna. A estátua de bronze se estendeu para ocultá-la e o corpo dela desapareceu, sem deixar vestígios, dentro da imagem sorridente. Talvez os biógrafos que narraram esse acontecimento estivessem querendo dizer que, nos momentos finais de sua vida, o último vestígio do próprio ego de Mira foi aniquilado pelo ser divino. De qualquer maneira, supõe-se que sua morte tenha ocorrido em Dwaraka, em 1550, e até os dias de hoje os devotos viajam milhares de quilômetros para cantar e orar no local onde Deus recebeu a oferenda final de Mira.

É provável que Mira Bai seja a mais amada das santas da Índia, mas existem muitas outras. Akka Mahadevi, uma devota do Deus Shiva, foi ainda mais notória do que Mira nas convenções sociais ostensivas. Mahadevi participou do movimento Vira Shaivite ("Heróis de Shiva"), que causou uma comoção no sul da Índia no século XII d.C. Os Vira Shaivites eram renegados sociais que rejeitavam as distinções de casta, o sexismo e o ritualismo, criando uma pequena contracultura igualitária na qual o ardente amor a Deus orientava o trabalho e os relacionamentos.

Mahadevi, como Mira, foi objeto da indesejável atenção de um chefe local. Quando Kaushika, um príncipe de Kannada, ameaçou matar seus pais se ela não consentisse em se casar, Mahadevi concordou em desposá-lo sob três condições: ele nunca deveria se meter com ela e seus companheiros devotos, com ela e seu guru ou com ela e Shiva. Prazerosamente, Kaushika aceitou os termos.

Certo dia, não muito tempo depois do casamento, Mahadevi estava dormindo quando um grupo de devotos veio visitá-la. Não querendo perturbar a esposa, o potentado os mandou embora. Quando Mahadevi descobriu o que tinha acontecido, comunicou-lhe que ele havia perdido um ponto. Em outra ocasião, Kaushika segurou-lhe o braço impedindo-a de sair correndo para receber seu guru, que havia acabado de chegar, porque ela ainda não estava completamente vestida. Perdeu o segundo ponto. Finalmente, encantado com a beleza da esposa sentada em meditação, o chefe sentou-se a sua frente e a abraçou. O toque dele perturbou sua concentração exclusiva em Shiva. Assim, Kaushika quebrou a terceira condição do seu contrato matrimonial, segundo a interpretação um tanto rigorosa de Mahadevi, e ela foi embora.

Kaushika estava determinado a ter Mahadevi de volta. Convertido ao shaivismo, apelou à comunidade shaivite para que convencesse sua esposa a voltar. Agora que o príncipe havia se tornado um adorador de Shiva, seu pedido foi considerado razoável, e uma delegação foi enviada para falar com Mahadevi. Encontraram-na nas montanhas, despida, completamente absorta em meditação. Impressionados com o *shakti* (poder espiritual) que emanava dela, os mensageiros voltaram para informar a Kaushika que não acharam apropriado perturbar essa iogue, e que ele também não deveria fazê-lo.

Pouco depois disso, Mahadevi se dirigiu a Kalyana e encontrou os fundadores do Vira Shaivismo: os grandes santos e reformadores sociais Basavanna e Allama. A seita deles era considerada radical para aquela época histórica, mas Mahadevi era radical até mesmo para os padrões da seita, e precisou ser minuciosamente examinada antes de ser aceita no seio da comunidade. Embora os *sadhus* (ascetas errantes) masculinos nus já fossem, havia algum tempo, uma característica da paisagem indiana (na verdade, uma parte da grande população de Jain circulava tipicamente "coberta apenas pelo céu"), era chocante ver uma mulher andando pelas estradas sem roupa. Ao ser perguntada por que se recusava a usar um sari, Mahadevi explicou que não recebia mais ordens vindas dos homens. Tinha renunciado completamente ao mundo; seu único bem era o amor a Deus. Uma vez que a visão do seu corpo era tão perturbadora para a maioria das pessoas presentes, ela deixou crescer livremente os negros cabelos para que cobrissem a genitália, de modo que ninguém se sentisse incomodado com sua presença.

Embora a admissão de Mahadevi na comunidade Vira Shaivite tivesse sido penosa, seus membros rapidamente reconheceram que ela talvez fosse a mais devota de todos eles. Em sua entrega a Deus, ela não retinha coisa alguma. A intensidade do seu comprometimento infundiu respeito nos sulistas indianos da época, e ela se transformou numa lenda viva.

Algumas das declarações de Mahadevi atravessaram os séculos, e, portanto, ainda hoje ela fala conosco. Ela comparava a alma humana a um bicho-da-seda tecendo um casulo sufocante para fora da própria cobiça e pedia a Shiva, "meu lindo Senhor, branco como o jasmim", para nos libertar. Comparava *maya*, a força da ilusão e do desejo que mantém as almas presas à roda da transmigração e os planetas girando em suas tediosas órbitas, a um vaqueiro pastoreando os mundos com uma vara voltada para o céu. Descrevendo a totalidade da sua entrega a Deus, ela dizia: "Se a chuva me pegar, considero-a um banho. Se uma avalanche me surpreender, considero as pedras que rolam flores para o meu cabelo. Se minha cabeça cair dos meus ombros, meu lindo Senhor Shiva, considere-a minha oferenda!"

A seguir, Mahadevi partiu para Srishaila, uma montanha consagrada a Shiva, a fim de consumar a união mística com Deus. Seus últimos versos famosos sugerem que lá ela o encontrou, perdendo-se numa realidade totalmente impregnante, além da forma e do pensamento. "Não consigo descrever o que é isto. Não sei dizer se é união ou harmonia. Tendo me fundido no meu Senhor, branco como o jasmim, não tenho mais nada a dizer." Ela morreu aos vinte e poucos anos.

De volta a Kalyana, os Vira Shaivites chocaram a população de Kannada ao celebrar o casamento de uma noiva da alta casta com um noivo da baixa casta. O rei, então, determinou a proteção do sistema de castas e a restauração da ordem: enviou a milícia. Os Vira Shaivites foram massacrados. Talvez tenha sido exatamente por coisas desse tipo que Mahadevi buscou nas montanhas uma realidade mais elevada.

Frequentemente, os maus casamentos impeliam as mulheres indianas a imergir na vida espiritual. No século XIV, em Kashmir, um marido indiferente e uma sogra viciada conduziram Lalleshvari a Deus. Pacientemente, durante 12 anos, Lalla lutou para que seu casamento desse certo, até que finalmente percebeu que, em face do contínuo abuso, permanecer desempenhando o papel de esposa ideal, submissa, não era nobre, e sim estúpido. Fugiu para a casa do seu guru, Sri Siddhanath, onde aprendeu e praticou a essência do Tantra: kashmir shaivismo.

O Tantra é uma tradição de prática espiritual que floresceu na Índia antes do início da história registrada. O bramanismo, por outro lado, é a religião da casta superior ortodoxa hindu que, exteriormente, enfatiza os rituais longos e rigorosos e, interiormente, o conhecimento secreto dos estados mais elevados de consciência passados de pai para filho. O Tantra é a religião das massas, daqueles que desejam vivenciar a presença divina no coração, a despeito de, tecnicamente, sua casta ou seu sexo impedir o acesso a esse conhecimento.

Para uma família brâmane tradicional, só o filho de um brâmane ou um estudioso da alta casta pode se habilitar para receber os ensinamentos dos Vedas. Nem sempre foi assim. Os próprios Vedas falam de um tempo em que o mantra Gayatri e outros ensinamentos sagrados hindus também eram transmitidos às mulheres. Diversas mulheres eruditas e místicas são mencionadas nos Vedas. Na verdade, algumas partes dos Vedas foram compostas por mulheres. Infelizmente, ao que parece antes mesmo da época de Buda (cerca de 500 a.C.), a posição das mulheres na sociedade indiana começou a declinar e, de um modo geral, os ensinamentos sagrados foram reservados para uma elite masculina da classe superior.

Lado a lado com esse sistema ortodoxo, o Tantra prosperou secretamente. Ao contrário do bramanismo, para se habilitar aos ensinamentos do Tantra, a pessoa só precisava ser sincera, autodisciplinada e motivada. Não havia barreiras sociais. Durante milênios, o Tantra foi praticado discretamente, para não incitar os fundamentalistas, que consideravam a mistura de castas ofensiva. A admissão de mulheres nos procedimentos tântricos levou o Tantra a ser rotulado de "ioga do sexo", provavelmente uma afirmação tão correta quanto a crença romana de que os primeiros cristãos que tomavam "o corpo e o sangue de Cristo" durante a comunhão estavam envolvidos no canibalismo.

Em nossa era, são primordialmente as práticas tântricas (como o controle da respiração, a meditação, o *kriya* e os mantra iogas), não o bramanismo ortodoxo, que têm sido transplantados da Índia para a cultura ocidental. Ainda é quase impossível para uma mulher indiana, educada numa família brâmane tradicional, ser iniciada no mantra Gayatri, embora praticamente qualquer estudante norte-americano sincero possa se dirigir a um centro de ioga da vizinhança e receber o Gayatri. Isso se deve ao princípio central do Tantra, o *adhikara*, "merecimento". De acordo com os adeptos tântricos, o merecimento é uma questão de sentimento, não de classe social, de sexo ou de nacionalidade.

Na época de Lalla, a tradição tântrica era particularmente forte em Kashmir. Sri Siddhanath, profundamente impressionado com o *adhikara* de Lalla, iniciou-a nos mistérios dos 36 *tattvas* (elementos), mostrando-lhe como mudar sua percepção dos elementos físicos para aqueles estados da matéria sutil que só existem na mente. Depois, ensinou-lhe como direcionar sua consciência para níveis ainda mais sutis, além do alcance do intelecto humano comum. Segundo a lenda, ele a ajudou a romper as cinco *kanchukas*, ou condições limitadoras que separam a consciência humana do ser divino: a ilusão de que existe alguma coisa que não podemos realizar; a ilusão de que existe alguma coisa que não conhecemos; a ilusão de que existe alguma coisa fora de nós mesmos que, por sua vez, faz surgir o desejo; a ilusão de que somos limitados pela causalidade; e a ilusão de que o espaço separa um objeto de outro. Os tântricos acreditam que, nos estados mais profundos de meditação, a pessoa pode vivenciar a existência como o próprio Shiva: como consciência e poder criativo ilimitados.

Na tradição oral da Índia, diz-se que aquilo que mais agrada um guru é um discípulo cuja realização espiritual cresce a ponto de exceder a do próprio guru. Lalleshvari era uma discípula desse tipo. A profundidade de sua sabedoria surpreendia seus contemporâneos, inclusive o próprio Siddhanath. O fator mais impressionante era que a origem da sua percepção não estava no "conhecimento teórico" como a de tantos eruditos da época, mas na sua experiência meditativa. Lalla irradiava conhecimento espiritual, mas era a luz do espírito, não o esplendor do intelecto, que brilhava nela. Auxiliada pela força da própria compreensão, Lalla era capaz de derrotar facilmente os sábios *pandits* que vinham debater com ela. Até hoje Lalleshvari é reconhecida como um dos maiores mestres do kashmir shaivismo que já existiram.

"Em vez de permitir que outras pessoas o sirvam, aprenda a servir", aconselhava Lalla aos arrogantes *pandits* que a desafiavam. "A humildade é um sinal de grandeza."

"Medite sobre a divindade que está no seu íntimo. Beba o néctar do amor que flui continuamente do coração de Deus."

Contemplando as geleiras que coroam as montanhas de Kashmir, Lalla ensinava: "A água se transforma em gelo, e o gelo — tocado levemente pelos raios do sol — se derrete novamente em água. Do mesmo modo, a consciência onisciente se transforma neste efêmero universo material. Mas, quando a matéria é tocada levemente pelo olhar compassivo de Deus, ela se torna novamente ser onisciente."

"No vasto e puro ser de Shiva, o drama da vida e da morte é representado. As pessoas não compreendem que tudo é uma peça da própria Consciência Divina."

Lalla salientava que, embora exista alguém no nosso interior que "submerge" em sono profundo, existe alguém ou alguma coisa mais profunda que permanece desperta. É descobrindo essa Pessoa Que Nunca Dorme que encontramos nosso verdadeiro Eu.

Como Mahadevi, Lalleshvari se libertou das restrições sociais e viajou pela Índia como uma *avadhut*, uma iogue fixada em estados de percepção muito além da realidade consensual. Se estava vestida ou não; se comia ou não; se as outras pessoas a respeitavam ou faziam zombarias — era algo com que Lalla não se preocupava. "Eu resido na totalidade e a totalidade reside em mim." Os devotos afirmam que, quando ela morreu, simplesmente se dissolveu em luz.

A grande maioria das mulheres santas da Índia levou uma vida muito menos dramática, em geral dentro do contexto familiar. Desde os primórdios da história, mulheres notáveis como Arundhati (cerca de 4000 a.C.) são saudadas pelos próprios Vedas como esposas e mães que alcançaram a compreensão do Eu enquanto limpavam a casa e educavam as crianças. Um notável exemplo moderno é Anasuya Devi, que nasceu em Andhra Pradesh, em 1923. Desde a mais tenra infância, as observações astutas de Anasuya sobre questões espirituais — mesmo sobre assuntos tão recônditos como a *mantra shastra* (a ciência dos mantras) — surpreendiam até seus parentes mais idosos; ela parecia um prodígio espiritual. Sem ser uma asceta que renuncia ao mundo, Anasuya ficou feliz em se casar. Com 18 anos, deixou os abastados pais brâmanes para seguir com o marido que eles haviam escolhido, Nannagaru Rao, e alegremente começar a constituir uma família na pobre cidade de Jillellamudi, no sul da Índia. Permaneceria profundamente devotada a Nannagaru (cujo interesse pela espiritualidade era significativamente menor do que o dela) por toda sua vida.

Anasuya tinha 26 anos quando encontrou sua mestra, Desiraju Rajamma, uma líder tanto na filosofia vedântica quanto na prática tântrica, que morava em Bapatla. A tia de Anasuya arranjou o encontro, pois sentia que uma jovem mulher com um traço espiritual tão marcante deveria receber uma iniciação mântrica. Entretanto, durante a iniciação, Rajamma ficou tão impressionada com a compreensão de Anasuya que pediu a um fotógrafo que tirasse uma fotografia das duas juntas, para que ela pudesse ter uma recordação desse primeiro encontro com sua "discípula"!

— Que mulher notável é você! — exclamou a pretendida guru.

— Eu sou a mulher que deu você à luz e você é a mulher que me deu à luz — replicou Anasuya. — Quem é mãe e quem não é? A verdadeira maternidade não consiste no simples reconhecimento da própria maternidade de alguém. A maternidade deve ser percebida em todas as coisas.

Como reconheceu Rajamma, Anasuya estava se referindo à maternidade de Deus. Meditando desde a infância, Anasuya já havia descoberto a Mãe Universal em si mesma e em todos os seres.

Enquanto Nannagaru desempenhava as funções de prefeito, Anasuya organizava um banco de cereais para ajudar a alimentar os pobres. No início da década de 1950, começou a se espalhar pelas aldeias da vizinhança que um "ser divino" morava em Jillellamudi, e os devotos começaram a aparecer na casa de Anasuya, que logo foi apropriadamente rebatizada de "O Lar de Todos". Inicialmente, Nannagaru ficou incomodado com toda a atenção que a esposa estava atraindo e, em determinado momento, convocou um médico para examiná-la. Enquanto Anasuya sentava-se sorridente à sua frente, o médico foi incapaz de localizar uma pulsação em qualquer parte do corpo dela.

— Encontro mais *ioga* (união com Deus) do que *roga* (doença) nela — declarou o médico, com bom senso suficiente para diagnosticar *sahaja samadhi* (concentração meditativa profunda enquanto se movimenta em estado de vigília).

Depois disso, Nannagaru começou a chamar Anasuya de "a Mãe de vocês", em vez de "a minha esposa", quando os devotos apareciam para vê-la.

A certa altura, Anasuya notificou ao Dr. Sitachalam, de Kommur, que ela partiria numa viagem de 11 dias. Será que ele não se incomodaria de cuidar do corpo dela para que ninguém o removesse? O médico estava presente quando ela "partiu". Os batimentos cardíacos e a respiração cessaram e o corpo dela se enrijeceu, ficando com uma palidez cinza-azulada. No quarto dia, sua atormentada família estava pronta para cremá-la, mas o médico insistiu para que adiassem. No 11º dia, a cor voltou-lhe às bochechas e ela se ergueu do catre para reassumir os afazeres domésticos.

Nas últimas décadas, tanto na Índia quanto no Ocidente, estudos científicos em laboratórios confirmaram que os iogues, homens e mulheres, mais adiantados podem assumir tais estados de "animação suspensa", pelo menos por períodos curtos (para que possam viajar desembaraçados dos corpos físicos, afirmam os místicos). O extraordinário no caso de Anasuya é que ela havia dominado a técnica sem que esta lhe tivesse sido ensinada.

No Tantra Shaivite, o estado mais elevado de consciência pura e genuína (Shiva, a suprema Divindade) é, simultaneamente, a consciência/poder transbordante (Shakti, a Deusa primordial) que se manifesta como o Universo e todos os seus habitantes. Anasuya vivenciou Shakti diretamente e falou sob a perspectiva da união mística com a Mãe do Universo:

"Estou considerando o mundo inteiro em meu pensamento. Estou vivenciando que minha mente única tornou-se a de muitas pessoas. O meu estado é a própria realidade. Adotem-me como filha e, em certo grau, vocês vão se tornar os avós de toda a criação.

Eu não sou nada que vocês não sejam. Não me parece que eu seja maior do que vocês. Deus não existe em parte alguma separadamente. Todos vocês são Deus.

Não está correto dizer 'Mãe do Universo'. O universo em si é a mãe. Vocês não podem abandonar nunca o meu regaço."

Anasuya não estava absolutamente interessada em ser venerada nem em prescrever práticas espirituais para seus devotos. Não havia nada que eles devessem "fazer"; deviam simplesmente "ser". Ela vivenciava a si mesma e a todos ao seu redor como perfumados com divindade. Somente pela graça da própria Shakti, por nenhum outro esforço, as pessoas poderiam repousar novamente na própria essência e vivenciar isso.

Como uma pessoa adquiria uma unidade mística com a Mãe do Universo era uma preocupação premente para Hyma, a filha de Anasuya. Hyma chorava toda noite antes de domir, porque podia ver o estado divino transbordando dos olhos da mãe, mas não conseguia vivenciá-lo por si própria. Embora sua humildade e seu serviço a tornassem estimada pelos devotos da mãe, muitos dos quais acreditavam que ela poderia ocupar seu lugar após a morte de Anasuya, Hyma estava profundamente frustrada. "Será que algum dia, querida Mãe, eu alcançarei esse estado no qual minha consciência estará preenchida por você e só por você?", escreveu em uma carta. "Esta é a angústia do meu coração." Muitas almas sentem o enorme abismo entre a própria experiência e a de um sábio que compreende Deus, mas a crise era intensamente acentuada em Hyma, uma vez que o sábio em questão era sua mãe biológica!

Um devoto relembra uma conversa particularmente comovente entre Hyma e a mãe.

— Como poderei alcançar algum dia a compreensão do Eu com uma mente tão instável? — perguntou Hyma.

— Não sei nada sobre realização de objetivos — respondeu Anasuya.

— Sim, Mãe, você é o próprio objetivo, portanto, não precisa pensar nisso! Mas nós devemos lutar e encontrar uma maneira de alcançá-lo.

— Bem, para mim, há satisfação no jogo e na travessura — sorriu Anasuya.

Um devoto interrompeu, observando que fazer travessuras era mais engraçado do que fazer penitência, mas Hyma persistiu:

— Por favor, pare de desviar o assunto! Eu preciso de uma resposta! Nós não somos como você. Do nosso ponto de vista, o caminho, o esforço e o objetivo espiritual são completamente reais!

O combate verbal continuou, brincalhão por parte da mãe e excessivamente sério por parte da filha. Habilidosamente, Anasuya se esquivou dos apelos de Hyma, mas finalmente concluiu, com calma:

— Não há nenhuma necessidade de mentir. Você vai se tornar a própria realidade.

Hyma era uma criança extremamente sensível. Depois de ver um ninho de pássaros cair no chão, destruindo os ovos no seu interior, não conseguiu comer durante uma semana. O sofrimento a comovia profundamente, e ela se esforçava continuamente para ajudar. O corpo pagou o tributo, quando sua saúde sofreu um colapso.

Hyma tinha 25 anos quando ficou criticamente enferma com varíola. Os amigos quiseram levá-la correndo para o hospital em Guntur, mas Anasuya fez objeção, explicando que a viagem difícil só agravaria a situação. Anasuya não foi atendida. Os vizinhos e parentes foram ficando cada vez mais ansiosos e alugaram um carro. Hyma morreu poucos minutos após chegar ao hospital. No último instante de vida, ela disse em voz alta:

— Amma [Mãe], estou chegando!

A comunidade de Jillellamudi ficou extremamente abalada com a morte de Hyma. Como uma tragédia dessa havia acontecido a Anasuya, a personificação da própria Shakti?

— Eu criei o punhal, e com ele me apunhalei — replicou Anasuya, com sobriedade, como sempre identificada misticamente com a Deusa.

Um santuário *samadhi* (mausoléu) foi preparado para Hyma. (Na Índia, às vezes, os santos são enterrados, em vez de cremados, para que os devotos continuem a vivenciar as vibrações enaltecedoras que emanam dos seus corpos, mesmo após terem morrido.) Anasuya preparou o corpo e o colocou na cova *samadhi*, em *siddhasana* (uma postura do ioga). Enquanto toda a comunidade chorava, Anasuya parecia estranhamente alegre. Sentou-se ao lado do túmulo e sorriu para os circunstantes.

— Se eu me sento assim, as pessoas podem pensar que estou transmitindo poder — brincou.

Depois, fez sinal para um médico que estava próximo. Ele examinou o corpo de Hyma e ficou abalado por descobrir que estava bem quente e com um tênue vestígio de respiração. Ele havia acabado de sair da cova quando o grupo que estava por perto sentiu um choque elétrico. Ele pulou de novo para dentro do túmulo e descobriu sangue exsudando da fontanela de Hyma. Nos livros sagrados de ioga está escrito que, na morte, uma fontanela aberta é um sinal de que a alma deixou o corpo através do chacra *sahasrara*, a "saída divina" no alto da cabeça, e se libertou.

— Meu trabalho está terminado — disse Anasuya, enquanto se distanciava da sepultura.

Além das histórias santificadas, as mulheres espiritualizadas aparecem em toda a literatura mística da Índia. Muitas estão descritas no *Tripura Rahasya* (Mistério da Deusa Trina), um dos principais textos do shaktismo, a antiga tradição da Deusa indiana. Há, por exemplo, a história da princesa que despertou espiritualmente todo um reino.

O príncipe Hemachuda estava caçando, embrenhado na floresta, quando um vendaval o separou da comitiva. Lutando contra as poderosas lufadas, vislumbrou uma pequena ermida, através das rodopiantes nuvens de poeira. Uma jovem veio recebê-lo na porta e o acolheu hospitaleiramente com frutas e suco.

Hemachuda não conseguiu tirar os olhos da mulher. A lucidez e a inteligência que irradiavam dela a diferenciava das moças tolas e superficiais da corte.

— Quem é você? — perguntou. — Por que está morando aqui, sozinha, na floresta?

Sorridente, a mulher explicou que seu nome era Hemalekha. Era filha de criação do sábio Vyaghrapada. Juntos, ela e o pai viviam sossegadamente na floresta, praticando ioga e adorando Shiva.

Quando os ventos se acalmaram, Vyaghrapada voltou para casa e o enamorado Hemachuda pediu-lhe permissão para se casar com Hemalekha. Com os seus poderes clarividentes, Vyaghrapada previu o futuro, e vendo que só coisas boas viriam dessa união, deu seu consentimento com alegria.

Hemachuda se entregou com entusiasmo à vida de casado, mas observou que a esposa mantinha uma certa reserva. Ao mesmo tempo que sua sagacidade, seu jeito brincalhão e seu amor por ele encantavam o príncipe, ele ficava confuso com o desinteresse que parecia subjacente às suas ações.

— Estou sempre admirando você, como um lírio virando a face para a lua, mas nada do que faço parece lhe agradar — queixou-se ele, certo dia. — Aqui no palácio, você está cercada pelos maiores prazeres que a vida tem a oferecer e, ainda assim, parece indiferente a eles. Por que você é tão indiferente às coisas maravilhosas que tenho a lhe oferecer?

— Querido, saiba que eu o amo — respondeu Hemalekha. — Mas estou buscando a maior alegria de todas, o prazer que nunca perderá sua essência. Depois de algum tempo, todas as coisas maravilhosas que tenho vivenciado aqui tornam-se tediosas. A felicidade é relativa e depende da nossa atitude em relação aos objetos e aos acontecimentos no momento. Agora, meu corpo lhe parece bonito, mas, quando eu envelhecer, será que ainda vai atraí-lo? Algum dia, tudo aquilo que acalentamos na vida nos será tirado, até o nosso próprio corpo. Aqui, não existe felicidade permanente.

Enquanto Hemalekha falava da transitoriedade e da tristeza do mundo, Hemachuda percebeu o desinteresse começando a crescer em sua mente também. Com o passar dos meses, Hemachuda sentiu-se em um deserto psicológico, num momento entregando-se aos seus velhos impulsos de satisfazer os próprios desejos e, no instante seguinte, sentindo-se enfastiado consigo mesmo, com as pessoas e as coisas, que pareciam não satisfazê-lo mais. Finalmente, montou em seu cavalo e cavalgou até uma velha torre abandonada. Abrigou-se no lugar mais alto e sentou-se para seguir as instruções detalhadas da esposa sobre a meditação e encontrar, dentro de si mesmo, a paz duradoura.

Com o passar das semanas, a meditação de Hemachuda se aprofundou até que, finalmente, ele alcançou o *nirvikalpa samadhi*, o estado mais profundo no qual a dualidade desaparece e a pessoa fica imersa na unidade absoluta do Eu verdadeiro. A experiência deixou o príncipe, que nunca tinha imaginado que tal beatitude existisse, atônito, e ele resolveu prosseguir nessa condição.

Um dia, Hemachuda sentiu a esposa sentar-se silenciosamente ao seu lado, mas se recusou a abrir os olhos.

— Tenho pena de você — falou ele —, que ainda passa pela movimentação da vida na corte. Eu encontrei o bem maior e permanecerei aqui em perfeita compreensão do meu próprio Eu. Gosto muito de você, mas, por favor, deixe-me sozinho.

— Querido, você ainda está tão longe da compreensão do seu próprio Eu quanto o reflexo das estrelas num lago está do céu — sorriu Hemalekha. — Que espécie de compreensão é essa, que desaparece no momento em que você abre os olhos? Seja fiel ao seu verdadeiro Eu, a consciência na qual todo este universo se manifesta como uma imagem na superfície de um espelho, e reassuma suas responsabilidades na corte. O Eu não ficará magoado se você deixar o mundo ou se permanecer nele; se você trabalhar ou se recusar a trabalhar; se você me rejeitar ou se tomar conta de mim. Meu amado, volte para casa.

O pai e os irmãos de Hemachuda ficaram surpresos com sua transformação. Agora, ele se ocupava da administração do reino com tranquilidade e sabedoria, e o relacionamento com a esposa tinha mudado de uma apaixonada obsessão para respeito e colaboração profundos. Quando os parentes perguntaram a Hemachuda como conseguira mudar tanto, ele lhes passou o que Hemalekha lhe havia ensinado. Agora, os ministros estavam impressionados com a mudança dramática na família real, que, subitamente, estava demonstrando uma maturidade e uma serenidade completamente fora do comum. Então, o rei ensinou aos ministros a encontrar paz em si mesmos. E agora o povo do reino mal podia acreditar na transformação dos seus ministros, que, de repente, estavam temperando suas ações com discernimento espiritual. O povo quis saber como isso tinha acontecido, e, então, os ministros ensinaram o que aprenderam.

No fim, absolutamente nada mudou: Hemachuda e Hemalekha ainda amavam um ao outro, o rei ainda reinava, os ministros ainda ministravam, os lavadeiros ainda lavavam roupas, os cozinheiros ainda cozinhavam e mesmo as prostitutas ainda divertiam os clientes. Mas tudo havia mudado: todas as pessoas se ocupavam dos seus negócios com consciência do Eu e um profundo respeito mútuo nascido do recente reconhecimento de que o ser divino que haviam descoberto em si mesmas também existia em todas as coisas vivas.

Sentado sozinho em sua ermida na floresta, Vyaghrapada sorriu. A filha conseguira fazer o bem.

Uma outra história popular sobre uma mulher sábia que conduz o marido aos estados mais elevados de consciência — e o traz de volta — ocorre na obra-prima mística *Yoga Vashishtha*. O rei Sikhidhvaja e a rainha Chudala formavam um casal muito feliz. Entretanto, enquanto o rei estava fora, tratando dos assuntos reais, Chudala começou a pensar sobre a natureza da consciência. "Não acredito que eu seja o meu corpo, porque o princípio de inteligência no meu interior dirige o corpo como um bastão dirige o movimento de uma bola. E, contudo, essa inteligência interior desaparece no sono e na meditação profunda como uma chama imersa na água. Então, o que eu sou?" Mergulhando no seu íntimo, Chudala finalmente descobriu o Eu que nunca morre. "Descobri o Ser imperecível, a única coisa que realmente importa conhecer!", exclamou para si mesma.

Sikhidhvaja observou uma notável transformação na esposa: ela havia se tornado luminescente. Contudo, quando Chudala tentou encontrar palavras para expressar o estado que estava experimentando, Sikhidhvaja apenas riu. Ele não conseguia acreditar que essa mulher que conhecia desde a infância pudesse ter realmente alcançado um tal nível de mestria iogue. Chudala desistiu de tentar partilhar sua experiência com o marido e tornou-se relapsa no seu papel de esposa e amante, enquanto secretamente continuava a desfrutar as aventuras extraordinárias na consciência. O texto diz que ela "atravessava sem esforço o fogo, a madeira e a pedra, deslizava sobre os picos das montanhas e comunicava-se livremente com os animais, com as tribos selvagens e com os deuses".

À medida que ele envelhecia, o pensamento do rei voltou-se para a filosofia. Vendo o corpo envelhecer, decidiu que era hora de renunciar ao mundo e buscar a iluminação. Deixando para a esposa a tarefa de governar o reino, Sikhidhvaja retirou-se para o interior de uma floresta, a fim de praticar o rigoroso ascetismo. Chudala ficou desapontada por vê-lo partir, especialmente porque não acreditava que ele tivesse maturidade espiritual para realmente se beneficiar da penitência a que escolhera se submeter. De tempos em tempos, ela saía do corpo físico e ia ver como estava o marido. Observar Sikhidhvaja ficar cada vez mais magro enquanto continuava fanaticamente com suas práticas ascéticas deixou Chudala muito triste.

Chudala era uma mulher apaixonada, e os anos sem a companhia do marido foram difíceis para ela. Às vezes, enquanto viajava por outros universos que coexistem com o nosso, podia ver as mulheres *siddhas* (mestres perfeitos) movendo-se pelo céu para se encontrar com os sábios maridos. Isso sempre a deixava ansiosa.

Após 18 anos, Chudala sentiu que era o momento de agir. Sikhidhvaja finalmente estava começando a perceber que realizar as ações da prática espiritual não o levava a lugar algum. Finalmente, estava pronto para aceitar a orientação de um guru esclarecido, mas a rainha sabia que ele ainda não estava pronto para uma mestra, especialmente se ela fosse a própria esposa. Então, aproximou-se dele disfarçada de um rapaz asceta chamado Kumbha.

Instantaneamente, Sikhidhvaja foi atraído a Kumbha, que o lembrava a esposa que tinha amado muito tempo atrás. A *tejas* (radiação espiritual) de Kumbha afetou profundamente o ex-rei. Ele tinha sido capaz de menosprezar essa luminosidade quando a vira em sua esposa décadas antes, mas, vendo-a agora naquele rapaz, o rei a reconheceu pelo que era: a aura da iluminação.

Depois de conversarem por algum tempo, Sikhidhvaja confessou:

— Diariamente, observo com rigor todos os rituais prescritos e tenho mortificado severamente meu corpo, mas, espiritualmente, não alcancei nada. Para dizer a verdade, tudo o que eu consegui com os meus anos de penitência foi desânimo!

— E você quer continuar sua atual prática, morando na floresta e comendo raízes, lutando para abandonar as tendências maléficas da mente, enquanto vive como um inseto num buraco no chão? — desafiou Kumbha, sem piedade. — É hora de você parar de representar a espiritualidade e envolver-se com a autêntica autoinquirição espiritual. O que é o universo e qual o seu lugar nele? Quem é você? Estas são as perguntas que você deveria estar fazendo. Você deveria buscar a companhia dos sábios para que eles o guiassem para as respostas.

— Por favor, seja o meu guru — implorou Sikhidhvaja. — Compartilhe comigo o conhecimento para me libertar do sofrimento. Mostre-me como encontrar essa bem-aventurança interminável da qual falam as escrituras!

O *Yoga Vashishtha*, assim como o *Tripura Rahasya*, dedica muitos capítulos aos ensinamentos da sábia Chudala ao marido. Ela o conduziu a perceber que o universo, na verdade, não é absolutamente material, e que não era possível dizer que tivesse começo ou fim. Na realidade, é uma invenção da ilimitada consciência de Deus. Dirigindo-o a perguntar continuamente "Quem sou eu?", Chudala ajudou o rei a se desnudar das camadas de ilusão na própria vida, incluindo o corpo e as perturbações da mente, para encontrar sua essência divina, coeva a Deus. O choque da compreensão de Deus foi tão profundo que Sikhidhvaja entrou num estado catatônico por três dias, mal respirando. Para impedi-lo de perder completamente o domínio do corpo, Chudala entrou na sua mente e sacudiu-o de volta ao estado consciente.

Chudala estava mais do que pronta para reassumir seu casamento, mas agora, tendo levado o marido ao ápice da experiência mística, precisava encontrar uma maneira gentil de trazê-lo de volta à Terra. Ainda disfarçada no rapaz asceta Kumbha, Chudala alegou que tinha sido amaldiçoada pelo irascível sábio Durvasa a se transformar em uma mulher à noite. Reassumindo a cada noite a forma feminina, Chudala tentou seduzir o rei, mas ele ainda estava tão imerso na beatitude interior que permaneceu indiferente aos seus encantos. Finalmente, ela o convenceu de que não havia nada de errado em seguir os ditames da natureza e persuadiu Sikhidhvaja a se casar com Kumbha, o rapaz-durante-o-dia/ moça-durante-a-noite. O rei amava sinceramente Kumbha e o/a aceitou como amigo e amante, mas nada perturbou sua serenidade.

Chudala/Kumbha preparou diversos testes para o rei: oferecendo-lhe todos os prazeres do céu e deixando-o encontrá-la nos braços de um outro amante. Ele não foi tocado nem pela ganância nem pelo ciúme. Encantada com o progresso do discípulo, Chudala finalmente revelou sua verdadeira identidade ao rei. Sikhidhvaja, que havia amadurecido consideravelmente desde a época que não conseguira acreditar que a esposa pudesse ser uma adepta iogue, ficou cheio de alegria ao descobrir que sua amada Chudala tinha sido sua mestra o tempo todo.

— Há uma coisa que eu preciso lhe pedir — anunciou Chudala.

— Você tem sido a esposa mais graciosa do mundo — respondeu Sikhidhvaja com gratidão. — Farei qualquer coisa que você pedir.

— Você não vai gostar disso, querido.

— Se há uma coisa que eu aprendi é que coisa alguma que aconteça externamente, "boa" ou "má", pode me perturbar, já que eu sou fiel a minha verdadeira natureza, o Eu Superior.

— Então, volte para casa e governe seu reino.

— O quê?!

— Querido, o mundo pode ser uma invenção da mente de Deus, mas todos nós temos um papel a desempenhar no drama de Deus. Mesmo os homens e as mulheres iluminados devem cumprir suas obrigações no mundo. Você tem uma obrigação com o seu povo. Vamos para casa e volte a governar o seu povo com sabedoria.

O texto conclui que Sikhidhvaja e Chudala reinaram juntos por mais de mil anos. Quando as suas responsabilidades foram cumpridas, deixaram, juntos, o corpo físico e desapareceram para sempre na vastidão inefável da mente refulgente de Deus.

Quando folheio as páginas da história indiana, ou me sento nos lares hindus ouvindo contos sobre mulheres santas imortalizadas pela tradição oral, imagino como seria ter tido Lalleshvari ou Mira Bai como modelos, em vez de Cinderela ou a Bela Adormecida. Vamos supor que, em vez de aspirarmos a ser presidentes de firmas de *software*, modelos magérrimas ou artistas e intelectuais bem-sucedidas, nós, mulheres ocidentais, nos imaginássemos seres divinos que se movimentam à vontade pelos corredores interiores do universo. E se uma sábia mulher idosa nos tivesse ensinado não apenas a dominar uma profissão ou um papel social, mas a dominar a nós mesmas? E se tivéssemos crescido sabendo que éramos filhas da Deusa?

Chudala e Hemalekha foram concebidas por uma cultura que honra as mulheres espiritualizadas, tanto quanto nós, na nossa, valorizamos os jogadores profissionais de basquete e os ganhadores do Oscar. Não é de surpreender que as mulheres da fantasia ocidental se casem com príncipes e vivam felizes para sempre, enquanto as da fantasia hindu se casam com príncipes, cultivam a sabedoria e descobrem em si mesmas a essência de todas as coisas. Embora o papel social tradicional das mulheres na Índia seja mais limitado do que no Ocidente, a concepção indiana do que significa ser uma "mulher livre" é infinitamente mais abrangente. Após estudar com o *pandit* Rajmani e sua radiante esposa, voltei para o sul da Ásia, a fim de aprender o que as sábias mulheres asiáticas têm para nos ensinar — nós, os irmãos do outro lado do mundo.

Mulheres santas hindus contemporâneas

— Existem muitas mulheres santas na Índia — assegurou-me o *pandit* Rajmani.

Quem são elas? O que ensinam? Como vivem? Em busca de respostas, parti para encontrar algumas das maiores mestras indianas dos nossos dias, líderes que formam a crista de uma nova onda de energia espiritual que está inundando não apenas o Oriente, mas os calcinados continentes do mundo ocidental.

Na verdade, as mulheres indianas sempre foram a espinha dorsal da vida religiosa hindu. Ao contrário da maioria das crenças religiosas ocidentais, que fazem celebrações comunais uma vez por semana, o hinduísmo normalmente é praticado diariamente em casa. Com frequência, as adorações matinal e vespertina diante do altar familiar são conduzidas pelas mulheres da casa, e as numerosas lendas que ilustram os princípios mais elevados do hinduísmo têm sido transmitidas — em alguns casos, por milhares de anos — principalmente da mãe para os filhos.

Não é por acaso que, na Índia, a divindade que governa a educação, as artes e o conhecimento religioso é Saraswati; a divindade associada à força e à proteção é Durga; a que rege a riqueza e o comércio é Lakshmi — todas são Deusas. Estou tentando me lembrar de uma única vez que eu tenha entrado em um lar ou uma loja indiana e não tenha encontrado a figura de, pelo menos, uma dessas Deusas pendurada na parede; honestamente, não consigo me recordar de um único exemplo. Enquanto na Europa e nos Estados Unidos nós decoramos a casa com nossas fotografias e de parentes, os indianos se cercam de divindades, lembranças constantes da dimensão espiritual da vida e da compassiva maternidade de Deus. Hoje, à medida que as censuras sociais contra as mulheres continuam a se esfacelar, mais do que nunca as mulheres indianas estão livres não apenas para adorar as deusas, mas para imitá-las, tanto em casa quanto no palco mundial.

No século XIX, alguns dos principais gigantes espirituais da Índia agiram para corrigir um aparente desequilíbrio entre os sexos na sua tradição, mesmo quando isso significou persuadir as relutantes discípulas a se destacar. Um após outro, os principais mestres indianos transmitiram seus mantos espirituais a discípulas.

No início do século XX, o polêmico adepto tântrico Upasani Baba reinstituiu a tradição védica do *kanyadin*, uma espécie de convento hindu, e encorajou as mulheres a praticarem ritos védicos sem a supervisão dos sacerdotes. Ele ensinava que as mulheres são capazes de uma evolução espiritual mais rápida do que a dos homens e que os devotos precisavam cultivar qualidades "femininas", como pureza e ausência de egoísmo, para progredir. Transmitiu sua linhagem para a falecida Godavari Mataji, que presidiu o Kanya Kumari Sthan, em Sakori.

Ramakrishna (o devoto da deusa Kali mundialmente conhecido) transmitiu sua autoridade espiritual à esposa, Sarada Devi; Paramahansa Yogananda (que levou a linhagem da Kriya Yoga para o Ocidente), à americana Daya Mata; Shivananda (iogue e prolífico autor do *Rishikesh*), à canadense Shivananda Radha; o swami Paramananda (o primeiro swami a se estabelecer nos Estados Unidos), à sobrinha, Gayatri Devi; o swami Lakshmana (um dos incomparáveis discípulos de Ramana Maharshi), à jovem rebelde Mathru Sri Sarada; Dhyanyogi Madhusudandas (o longevo expoente da Kundalini Yoga), a Anandi Ma; e o swami Muktananda (o embaixador da Siddha Yoga), a Gurumayi Chidvilasananda.

Papa Ramdas, um dos mais conhecidos santos populares indianos do século passado, compartilhou sua missão com a companheira espiritual Krishna Bai. Sri Aurobindo, o influente filósofo/santo de Pondicherry, reverenciou a francesa Mirra Alfassa Richard, a quem ele chamava de "A Mãe" e que, após seu passamento, administrou Auroville, a comunidade que ele fundou na Índia. Meera Ma (nascida em 1960, em Chandepalle, Andhra Pradesh), que tinha visões de Aurobindo desde a infância, mudou-se para a Alemanha, onde os estudantes europeus lhe deram uma calorosa acolhida. Sua lenda continua a crescer. E, para surpresa de todos, o arquiconservador Shankaracharya, de Sringeri, autorizou uma mulher (Lakshmi Devi Ashram, judia) a fundar o primeiro templo norte-americano da Mãe Divina em Stroudsburg, Pensilvânia.

No século passado, as mulheres indianas enfrentaram grandes dificuldades para se habilitar espiritualmente. Como Anandamayi Ma, uma das mulheres mais extraordinárias de todos os tempos, não conseguiu encontrar um *pandit* disposto a lhe dar um mantra, fez a própria iniciação. Anasuya Devi, assim como Amritanandamayi Ma, compreendeu sua unidade com a Deusa sem a ajuda de um guru. Brahmajna Ma, viúva aos 10 anos de idade, iluminada aos 32, explicava: "Aquele em cuja mente surgem questões como: Quem sou eu? O que é o mundo? Onde eu estava anteriormente? Para onde vou? Onde está a paz?, pode compreender o Eu por si mesmo, sem a ajuda de um guru."

Frequentemente, as mulheres indianas tiveram de enfrentar grandes obstáculos para cumprir seu destino espiritual. A posição social das mulheres na civilização indiana é um assunto complexo e varia consideravelmente, não só de classe para classe e de era para era, mas, às vezes, de uma vila para outra. Na verdade, a Índia é uma colcha de retalhos de muitas linguagens e culturas diferentes, um pouco fanaticamente patriarcal (em parte, paradoxalmente, pela necessidade de proteger as mulheres durante as invasões mongol e turca), um pouco abertamente matriarcal. Para sermos justos, mesmo na atmosfera carregada de espiritualidade da Índia, até os homens nem sempre tiveram facilidades. Muitos dos mais respeitados videntes masculinos do sul da Ásia, incluindo Ramakrishna, Ramana Maharshi, Adi Shankaracharya e até mesmo Buda, enfrentaram enormes pressões familiares para abandonar as preocupações espirituais e se fixar em estilos de vida mais normais.

Contudo, mesmo dentro do contexto de um sistema dominado geralmente por homens, muitas vezes as mulheres alcançaram papéis de proeminência espiritual. Diversos episódios da vida de Adi Shankaracharya (que, de acordo com os eruditos ocidentais, floresceu no século IX d.C.) podem ajudar a ilustrar esse fato. Shankaracharya era considerado um dos dois maiores filósofos/santos hindus daquela época. O outro era seu opositor, Mandana Mishra. Então, quando finalmente os dois se encontraram para debater, inúmeros intelectuais convergiram para ali a fim de observar e registrar a batalha do século. A aposta era alta: quem perdesse teria de se tornar discípulo do outro. Havia, entretanto, um importante problema tático que precisava ser solucionado antes de o evento começar: se aqueles eram os dois principais pensadores do seu tempo, quem estaria qualificado para avaliar seus argumentos e declarar um vencedor?

Shankara e Mandana concordaram que o único indivíduo inteligente e imparcial o suficiente para servir de juiz era Bharati Mishra, a erudita esposa de Mandana. Durante vários dias, Shankaracharya derrotou Mandana, mas, quando a própria Bharati lhe pediu para debater, Shankara precisou solicitar um recesso de seis meses para ponderar nas desafiadoras teses dela sobre a vida espiritual. Shankara também venceu esse debate — por pouco —, mas ficou tão impressionado com a santidade de Bharati que deu o nome dela a uma de suas ordens monásticas.

Você pode achar que nunca ouviu falar de Shankaracharya, mas é provável que você mesmo ou alguém que conheça tenha sido influenciado por seu pensamento. Shankara foi um dos primeiros iogues a divulgar amplamente a ideia de que o mundo é um *maya* total, uma ilusão, e que nós, na realidade, somos todos um. Ele foi um dos pensadores mais influentes da história asiática. Entretanto, na maior parte da vida, desprezou o princípio feminino, considerando tudo que dizia respeito à matéria ou ao desejo uma condição inferior do ser.

Certo dia, quase no fim de sua curta vida, quando estava entrando em um templo de Shiva, ele deparou com uma mulher histérica de casta inferior bloqueando-lhe o caminho. Ela soluçava descontroladamente sobre o cadáver do marido. Shankara achou a cena repugnante e desagradável.

— Saia do meu caminho! — ordenou.

A mulher iletrada olhou para ele com desconfiança.

— Você não é o mestre que diz que todas as coisas são Brahman, que todas as coisas são Deus, que não há impureza em lugar algum? — retrucou ela, com amargura. — Se eu não sou impura, por que devo sair do seu caminho? Se eu sou a realidade onipresente, como *posso* sair do seu caminho?

Shankara ficou chocado demais para responder.

A mulher ainda não tinha terminado.

— O seu poderoso Brahman não é mais do que isto! — gritou ela, apontando o marido morto.

Naquele momento, a mente do grande pensador se abriu com violência. Ele se lembrou de uma das imagens mais dramáticas da vasta iconografia religiosa da Índia: a esfarrapada Deusa Kali pressionando o cadáver do Deus Shiva. "Sem o poder Dela, o próprio Shiva não é capaz de se erguer", dizem os *shaktas*, os adoradores da Deusa. Naquela fração de segundo, Shankara compreendeu que, ao negligenciar a Deusa, ele perdera a própria essência da vida. Imaginando Brahman como consciência totalmente abstrata, pura e imóvel, ele se esquecera do aspecto fecundo, criativo e vivo da realidade, o feminino. Agora, a própria Kali estava se manifestando para lembrá-lo da sua glória.

Para horror dos seus discípulos, Shankaracharya ajoelhou-se e segurou os pés da mulher, agradecendo-lhe pela lição.

— Não, você não é impura. Minha mente é que era impura. Nunca encontrei um mestre maior do que você.

Shankara desistiu de escrever sobre filosofia e passou os últimos anos de vida compondo poemas extáticos para a Deusa, alguns dos quais ainda são considerados os mais lindos versos do idioma sânscrito.

Ao longo dos séculos, desde Shankara, as mulheres de percepção extraordinária, quer festejadas como Bharati Mishra, quer anônimas como a pesarosa viúva pária, deixaram suas marcas indeléveis na espiritualidade indiana, com ou sem a aprovação da sociedade. Hoje, mulheres semelhantes andam pelo solo da Índia. Umas cuidam de suas famílias em aldeias rurais inatingíveis por qualquer estrada pavimentada. Algumas estudam ou ensinam em universidades. Outras vivem invisivelmente em choupanas nas florestas e em cavernas nas montanhas.

Um exemplo dessas santas invisíveis é Maya Amma, uma iogue com, talvez, 80 anos de idade, muito conhecida no sudoeste da Índia mas raramente vista. Maya Amma é um *avadhut*, uma sábia radicalmente inconvencional que, como Akka Mahadevi, renunciou completamente ao mundo. Ela não se incomoda com nenhuma das preocupações materiais que absorvem nossa atenção, incluindo as roupas, e vagueia pela selva perto do cabo Cocoran coberta apenas pelo céu. Ela não ensina; na verdade, é raro ouvi-la falar. Ninguém sabe de onde ela veio, apenas que viaja sem rumo pela extremidade meridional da Índia, cercada por uma matilha de cães selvagens. Alguns dos maiores santos da Índia têm feito peregrinações seguindo seus passos.

Maya Amma é o que o Tantra chama de um tipo *madhya* de iogue. — uma alma que foi tão além da percepção corporal que somente a linha mais fina da consciência mantém uma conexão com o cérebro físico. Assim, os últimos vestígios do carma são exauridos do corpo, enquanto a consciência da alma permanece imersa no absoluto. (Nityananda, o guru de Muktananda, era um iogue desse tipo.)

Entretanto, cada vez mais, as santas da Índia dirigem *ashrams*, compartilhando sua sabedoria com as milhares de pessoas que as seguem para vê-las e ouvi-las. Nas próximas décadas, será interessante observar se elas vão conseguir manter o equilíbrio sob os ataques furiosos das câmeras de televisão, da devoção incondicional e dos grandes donativos. Talvez a tecnologia e a relativa riqueza que nós, admiradores do Ocidente, trazemos conosco venham a constituir o mais sério teste para a integridade das mulheres espiritualizadas da Índia que elas já enfrentaram.

Gostaria de lhes apresentar algumas dessas mulheres extraordinárias. Concentrei-me deliberadamente em santas que são muito acessíveis; com as quais, você poderá se encontrar, se quiser. (A exceção é Anandamayi Ma, que partiu do nosso mundo em 1982. Entretanto, ela teve um impacto tão grande no desenvolvimento da espiritualidade das mulheres na Índia que fica impossível excluí-la. De fato, ela se tornou o padrão ao qual, durante os séculos futuros, serão comparadas as mulheres indianas espiritualizadas.)

Se você nunca foi discípulo de uma mestra indiana, prepare-se para algumas surpresas. Essas mulheres personificam uma tradição espiritual radicalmente diferente das religiões judaica, cristã e islâmica do Ocidente. No seu pensamento e nas suas vivências, a divindade não é um pai austero que criou o mundo e o julga de cima, salvando algumas almas e condenando eternamente outras. É a matriz do universo, uma consciência ilimitada que sustenta e permeia todas as coisas. Pode ser antropomorfizada como um pai, mas também como um amante (como para Mira Bai); como mãe (para Anasuya) ou como qualquer outra forma ou conceito que nos leve emocionalmente em direção à origem e ao fim do nosso próprio ser. Sob essa perspectiva, ninguém é condenado, exceto talvez pela força do próprio julgamento mal orientado. Deus não é um ser sobre o qual você se instrui na igreja aos domingos, mas algo que você sente no coração (talvez com maior clareza durante a meditação profunda) e que reverencia nas outras pessoas. A Deusa não é um símbolo político de auto-habilitação, mas a maneira como o cosmo trata seus sensíveis filhos: como mãe, como um amante ciumento, como uma menininha brincalhona.

As mulheres santas indianas não devem ser confundidas com as mulheres poderosas das tradições xamanistas, embora a visão mundana tântrica tenha raízes xamanistas. Em grande parte, a viagem xamanista é uma exploração do subconsciente coletivo. A cultura ióguica evita essa dimensão da experiência humana — consideravelmente para o bem ou para o mal —, concentrando-se, em vez disso, no que, na falta de um termo melhor, pode ser chamado de superconsciente. O poder, a autoafirmação e a celebração da energia terrena não são os objetivos: imersão consciente numa realidade que precede a Terra e o ego seria o mais apropriado. Em razão dessa divergência de ênfase, os ensinamentos das mulheres espiritualizadas indianas estão, até certo ponto, sem sintonia com a atual evocação da energia da Deusa no Ocidente. O que aqui pensamos ser a Deusa seria considerado meramente um ou dois fios do seu cabelo no sul da Ásia, onde as mulheres a evocam intimamente há mais de dez mil. Essas mulheres cultivaram uma visão que inclui amor extático, mas também rigorosa autodisciplina, descoberta de si mesmas, mas também serviço generoso. Elas não estão interessadas tanto no sonho, mas no sonhador.

Se você estiver inspirado a se sentar na presença dessas santas, vai encontrar mulheres que superaram mais barreiras sociais do que nós, mulheres, experimentamos no Ocidente, provavelmente piores do que nós honestamente podemos imaginar. Vai encontrar mulheres mergulhadas, desde o nascimento, numa religião incrivelmente antiga, de muito antes que as nossas próprias crenças ocidentais tivessem sido formuladas, e, portanto, sustentando uma perspectiva extraordinariamente diferente em relação à vida, à responsabilidade pessoal e ao potencial humano. Você poderá se sentir influenciado, incomodado ou simplesmente ficar perplexo, mas sua visão sobre quem você é e do que você pode ser estará definitivamente desafiada.

Por falar nisso, a maioria das igrejas, sinagogas e mesquitas continua se opondo ao clero feminino. Contudo, a borbulhante proeminência das mulheres na tradição espiritual indiana não parece mais incomum aos observadores, e está rapidamente se transformando em norma. Como nós, um dia, adotamos o ioga e a meditação vindas do Oriente, talvez também venhamos a valorizar a liderança feminina na espiritualidade, influenciados pelo exemplo das mulheres livres da Índia.

Sri Ma de Kamakhya: Vivenciando a Deusa

A MÃE DO UNIVERSO ESTÁ voando para Bengala. As pregas do seu sari branco ondulam ao seu redor, como asas. Durante sete anos, ela esteve fazendo rigorosa penitência, prestando assistência aos espiritualmente empobrecidos numa região remota chamada Estados Unidos. Agora, finalmente, está voltando à Índia.

Uma enorme multidão reuniu-se do lado de fora do Aeroporto Dum Dum para recebê-la.

— *Jai Ma!* (Vitória à Mãe do Universo!) — berram os devotos, quando veem o avião taxiar na pista internacional.

— Eles estão saudando a Deusa ou Sri Ma? — sussurro ao meu marido.

— Acho que não fazem essa distinção — sussurra Johnathan em resposta.

Sri Ma desce as escadas do avião, obviamente sem nenhuma pressa. Encontra um assento na fria sala de estar de concreto do aeroporto, enquanto os amigos vão atrás da sua bagagem — dezenas de grandes caixas de papelão cheias de roupas trazidas dos Estados Unidos para distribuir aos pobres. Alguns dos cidadãos proeminentes de Calcutá, que usaram sua posição política para passar a perna nos guardas armados da entrada da pista, lançam-se para se prostrar reverentemente a seus pés.

À primeira vista, Sri Ma é uma Deusa inverossímil. Não há nenhuma aura de autoridade nela; é tão humilde que eu poderia ter imaginado se tratar da serva de um dos prósperos devotos indianos. Eu havia lido muitas coisas sobre o cultivo da ausência de egoísmo, mas nada poderia ter me preparado para a experiência de realmente estar na presença do puro desprendimento. Sri Ma completamente transparente, quase invisível. Nela, não havia agitação de espécie alguma; era quase como se o próprio ar não fosse perturbado com o seu caminhar.

É difícil acreditar que essa mulher simples, de idade indeterminada, nasceu em uma das famílias mais ricas e mais respeitadas do norte da Índia; que ela, um dia, viveu em uma mansão e que foi servida por muitos criados. Tinha 16 anos quando se embrenhou na floresta, abandonando uma vida de luxo para imergir completamente na divindade que a tudo permeia. Os pais conduziram uma frenética busca por toda a nação, porque ainda não estavam dispostos a admitir que tinham perdido a filha para Deus.

Johnathan, que é um viajante veterano ao sul da Ásia, sorri para mim quando Sri Ma e a massa de alegres devotos se amontoam no ponto de táxi Hindustani Ambassador, aguardando do lado de fora do aeroporto. Antes de nos dirigirmos a Bengala e Bihar, os antigos solos de parada da Deusa, ele me aconselha:

— Não pense que você está em outro país. Pense que está em outro planeta. Na Índia, tudo é totalmente diferente, mesmo as leis da física. Coisas que deveriam funcionar não funcionam. Coisas que não podem acontecer acontecem.

Estou curiosa para visitar uma cultura na qual a Mãe Universal tem sido honrada continuamente desde a pré-história. Estaremos viajando com Sri Ma, uma das santas mais amadas do nordeste da Índia, ela própria uma devota da Deusa — e, na Índia, onde até mesmo as leis da física são diferentes, algumas pessoas poderiam chamá-la de a Deusa em si.

Conheci Sri Ma no Devi Mandir (Templo da Deusa, em sânscrito) que ela fundou na Califórnia. O templo se parecia com a TARDIS, a nave espacial em forma de cabine telefônica do Dr. Who: por fora, pequeno e indefinido; por dentro, espaçoso e cheio de surpresas. Atravessar a porta era como entrar em uma distorção espacial: eu me senti na Índia. Imagens de santos e divindades de todas as tradições religiosas, refletindo o espírito amplamente ecumênico do hinduísmo, cobriam as paredes como se fossem um papel decorativo. No centro da sala havia uma imensa pira, com as chamas ardendo, na qual um swami jogava punhados de arroz e cevada enquanto entoava os nomes da Deusa.

Na parte da frente do templo havia um altar enorme, repleto de imagens de gesso da Mãe Divina, com lindos mantos. Algumas eram bondosas; outras, como a da feroz guerreira

Kali, pareciam amedrontadoras com suas armas erguidas e olhos ameaçadores. Todas eram personagens do *Chandi*, o texto mais sagrado da Índia sobre a Deusa, que relata as façanhas da Mãe Universal ao se manifestar para destruir o demônio Mahisha. O texto é uma elaborada alegoria do efeito purificador da consciência espiritual expandida sobre o egotismo humano. Ali, o *Chandi* era entoado diariamente, um ritual que levava de duas a quatro horas, dependendo do ritmo do cantor.

Sri Ma não era vista em lugar algum, o que me surpreendeu, uma vez que tinha ouvido dizer que durante anos ela não saíra do prédio; havia feito uma promessa de permanecer no templo até que o *Chandi* tivesse sido celebrado mil vezes. Finalmente, uma jovem americana, vestida com um sari, me dirigiu à cozinha, onde Sri Ma estava preparando o jantar para os devotos. Fiquei surpresa. Eu tinha visitado muitos *ashrams* pelos Estados Unidos e estava acostumada a ver os devotos servindo aos gurus. Uma mestra servindo aos devotos era uma experiência nova.

A cútis de Ma era muito escura, parecida com a de Kali. Ela era baixa e magra, aparentando fragilidade, mas estranhamente atraente. O ondulado cabelo preto caía livremente até a cintura. Era ligeiramente estrábica, e, por isso, era difícil dizer se estava olhando para mim ou para além de mim. Essa impressão de estar presente e em algum outro lugar ao mesmo tempo iria se tornar familiar para mim, ao conhecê-la melhor.

Sri Ma não estava interessada em falar de si mesma.

— Linda, como vai você? Ficará para o *Chandi*?

A voz era grave e musical, sublinhando sua feminilidade ao estilo indiano. Então, reassumiu as tarefas na cozinha, envolvida numa aura de radiante silêncio. Ela me lembrava um passarinho, ágil e delicado, pronto para se lançar no ar a qualquer momento.

Sri Ma chegou aos Estados Unidos em 1984, por solicitação do seu guru, Ramakrishna Paramahansa. Essa era uma ordem surpreendente, especialmente porque Ramakrishna havia morrido 60 anos antes de Sri Ma nascer. Contudo, desde o início da sua juventude, Sri Ma se sentiu próxima ao santo bengali do século XIX, sentindo que sua orientação interior emanava dele. Os ocidentais podem sorrir, mas um hindu ortodoxo não teria nenhum problema com esse tipo de crença; durante sua vida, Ramakrishna era reconhecido por alguns dos maiores líderes religiosos da Índia como uma encarnação de Deus. Em 1892, seis anos após sua morte, ele apareceu para seu discípulo swami Vivekananda, e o instruiu a levar para o Ocidente a compreensão vedântica da divindade inata na humanidade e da igualdade de todas as religiões. Vivekananda foi o primeiro hindu a divulgar amplamente o *sanatana dharma*, a verdade eterna dos Vedas, no Ocidente. Sua estreia espetacularmente bem-sucedida no Congresso Mundial de Religiões, em 1893, em Chicago, levou à fundação de numerosos centros vedantas por toda a América do Norte e Europa, muitos dos quais estão ainda em atividade. As orientações de Ramakrishna para Sri Ma foram igualmente explícitas: "Vá para o Ocidente. Sirva aos devotos."

Ironicamente, os Estados Unidos da década de 1980 era menos receptivo à iniciativa de Ramakrishna do que na década de 1890. Sri Ma se esforçou para abrir templos dedicados à adoração da Mãe Divina em diversas comunidades americanas, mas a recepção hostil dos vizinhos acabava forçando o fechamento do *ashram*. As pessoas ficavam alarmadas com as roupas cor de laranja do swami que desempenhava os rituais do fogo ao lado de Sri Ma, com os sons do nome de Deus sendo entoados num idioma pagão e com os boatos de divindades fortemente armadas no interior do templo. O exemplo de Jonestown era continuamente desenterrado como uma desculpa para evitar a acolhida a uma respeitável mas desconhecida religião.

Na vizinhança operária de Martinez, Califórnia, do outro lado de uma refinaria de petróleo, Sri Ma e as imagens da Deusa que ela mesma esculpira finalmente encontraram seu santuário. De 1987 a 1993, quando o templo foi transferido para um local mais amplo e mais isolado no condado de Napa, ela entoou o *Chandi* diariamente e celebrou os numerosos dias santos hindus.

Ao contrário da maioria dos adeptos espirituais vindos da Índia, Sri Ma não fazia publicidade. Pouquíssimos norte-americanos interessados em ioga, mesmo aqueles dos arredores da Califórnia, sabiam que uma mestra da sua grandeza morava ali. Essa não era a maneira de Sri Ma buscar discípulos. Confiando na antiga tradição védica, sabia que o próprio anseio espiritual dos discípulos os guiaria até ela. A confraria que finalmente encontrou caminho até o Mandir era, e ainda é, composta, metade, por indianos, metade por cristãos e judeus, que haviam recebido treinamento em meditação em outras instituições de ioga. Essas pessoas vinham regularmente se aquecer com a presença de Ma. Dick Meigs, um financista de Vale do Silício, me disse:

— Uma coisa é ler sobre os santos. Outra é viver na presença de um deles. A Mãe está sempre aqui para seus filhos. Tenho aprendido muito com ela. Ela não ensina, não precisa. Observar como ela vive já é o ensinamento. Eu tenho uma mãe maravilhosa, mas Sri Ma tem feito mais por mim do que minha própria mãe fez ou poderia fazer. Ela é um milagre ambulante.

O estilo de vida de Sri Ma era simples: levantava-se horas antes do amanhecer, realizava *pujas* (rituais religiosos) diante do *lingam* de Shiva em seu altar pessoal, colocava flores na fotografia de Ramakrishna perto do *lingam* e, depois, cozinhava, costurava, fazia faxina e conversava tranquilamente com a sucessão infindável de visitantes que atravessavam a porta todas as horas do dia e da noite. Às vezes, ela simplesmente se sentava em silêncio com seus devotos, e sua tranquilidade banhava o templo e o coração deles.

Eu fiquei profundamente impressionada com a tranquilidade de Ma. Era quase como se ela não estivesse ali. Não havia nenhum ego que eu pudesse agarrar, descrever, combater ou ao qual me entregar. Ela era como uma sombra, um silêncio arrasador. Quando mencionou que retornaria à Índia e me convidou para me encontrar com ela lá, eu soube instantaneamente que iria.

Sri Ma cresceu no Assão, uma das províncias da extremidade nordeste da Índia, que faz fronteira com o Tibete, a Birmânia e o Butão. O Assão é a sede do Kamakhya, o santuário mais sagrado da Deusa na Índia, supostamente o antigo local do *yoni* da Deusa. Em razão das sublevações políticas da época, Ma não visitaria o Assão; portanto, muitos dos seus devotos do Assão tiveram de se dirigir para Mira Bai Mandir, em Calcutá, onde ela está hospedada. Por intermédio deles, ouvimos histórias sobre a infância de Sri Ma.

A história da vida de Ma começa antes do seu nascimento, durante a visita da mãe ao templo em Kamakhya. Ela foi parada por um *shadu*, um asceta errante, que lhe disse:

— Entre, eu preciso iniciá-la num mantra especial. Uma alma muito pura está vindo para sua família, e você terá de estar preparada. Depois que ela nascer, traga-a a mim.

Sri Ma sorri, enquanto Mahavir relata a história, e a comenta:

— Minha mãe me levou a esse *sadhu* quando eu tinha 2 meses de idade. Ele sussurrou um mantra no meu ouvido. Não me lembro do seu rosto.

— Todo mundo sabia que Sri Ma era diferente, mesmo quando era uma criança — acrescenta o swami Satyananda. — Quando ela tinha 4 anos, esteve num barco de pesca durante uma terrível tempestade. Os pescadores ficaram em pânico, até que perceberam Sri Ma sentada calmamente entre eles. A serenidade dela os acalmou, e, depois, o mar e o céu também se acalmaram. Depois daquilo, sempre que os pescadores viam Sri Ma passeando na areia, levavam os barcos para a praia, corriam e se ajoelhavam a seus pés.

Com frequência, quando os aldeões queriam realizar um *puja*, consultavam Ma, embora ela não tivesse nenhum treinamento religioso. Ela parecia saber espontaneamente realizar os ritos com precisão. Os aldeões também ficavam impressionados com sua excessiva devoção a Ramakrishna Paramahansa, que fora sacerdote no templo de Kali, em Dakshineshwar, e com quem ela frequentemente tinha visões. A população local ficava maravilhada com a pureza de caráter, a servidão prestimosa e a profundidade da sabedoria da menina.

— Um iogue que passava por nossa vila disse aos pais dela: "Mantenham essa menina perto de vocês, ou irão perdê-la." — Conta um discípulo.

Ele estava certo; ela logo desapareceu.

Durante oito anos Ma vagou pelas selvas do Assão, mantendo muito pouco contato com a realidade externa.

— Meus devotos podem lhe contar o que aconteceu naquela época, os que me viram nesta estrada, perto daquela árvore. Eu não me lembro de nada. Estava "louca", ia para o "além" o tempo todo.

— Ela estava sempre em *samadhi*, o estado mais elevado de consciência — diz Mahavir. — Para nós, era difícil trazê-la de volta para este mundo. Naquela época, Ma pesava cerca de 30 quilos, vivendo somente de folhas de *tulsi* e água de sândalo. Ela ganhou bastante peso! — maravilha-se Mahavir, depois de ver a mestra pela primeira vez em oito anos. Ele mora atrás do templo de Kamakhya, e costumava ver Ma com frequência quando ela residia ali. — Vocês a mimaram muito nos Estados Unidos! — diz, sorrindo.

Agora, ela pesa quase 50 quilos.

Não posso deixar de pensar que se Sri Ma tivesse crescido nos Estados Unidos, teria sido despachada para um psiquiatra antes de chegar à adolescência e, provavelmente, teria passado a maior parte da vida sob medicação psicotrópica. Para os padrões ocidentais, o estado de Sri Ma enquanto vagava pelas selvas era obviamente psicótico. Mas os psicopatas que eu tenho encontrado vivem vidas cheias de medo, fragmentadas, são vítimas de visões que os afastam do contato com a humanidade. No entanto, o equilíbrio e a coerência de Sri Ma são extraordinários. Ela não parece anormal, mas além do normal, aparentemente vivendo um estado de consciência no qual a raiva, o desejo e o medo não conseguem penetrar.

— Vamos para Dakshineshwar! — sugere o swami Satyananda.

Foi nesse templo famoso que ele conheceu Sri Ma, há 12 anos. Ma concorda. Os táxis são alugados e o grupo lota os carros para uma viagem caótica pela noite de Calcutá até o mais famoso templo de Bengala, o santuário da Deusa Kali, a Mãe Terrível. Foi aqui que Ramakrishna ofereceu flores e incenso, arroz e doces para a imagem de Kali até que ela apareceu, desceu do pedestal e destruiu tudo nele que não era divino.

Chegamos justamente quando o *arati*, o tremular cerimonial de luzes diante da divindade, estava terminando. Estava lutando para captar um vislumbre da famosa imagem acima da cabeça dos devotos — uma multidão reunida na véspera —, quando um devoto fez um sinal para o swami Satyananda se apresentar. Enquanto as portas do sacrário interno da divindade se fechavam ao público, o swami era conduzido para dentro e eu, descaradamente, subi as escadas correndo e entrei furtivamente atrás dele. Estou face a face com Kali.

Negra como o breu, ela empunha armas ensanguentadas em cada uma das quatro mãos. A saia é entremeada de membros extirpados, a grinalda é crivada de cabeças humanas. Ela está pisando num cadáver. Essa é a divindade adorada por Ramakrishna, a Mãe do Universo. Fico de boca aberta, não por se tratar de uma imagem horrível, mas de uma bela imagem. Os hindus sempre entenderam essa terrível beleza, o aspecto de Deus que desafia a razão e ridiculariza nossos planos mais bem-intencionados, a parte de Deus que é incontrolável.

Tranquilamente, o swami Satyananda começa a entoar o *Chandi*: "*Yah Devi sarva bhuteshu...*" ("Eu me inclino diante da Deusa radiante que é a própria consciência, que aparece sob a forma de beatitude, paz, perfeição e morte. Eu saúdo repetidamente a Mãe de todos os seres!")

Um brâmane enche nossas mãos de flores e nos acompanha para fora do templo. Do lado de fora, os devotos de Sri Ma, ansiosos, movimentam-se em círculos. O *arati* já terminou e Sri Ma ainda não apareceu. Satyananda nos conduz pelo pátio, até os templos de Shiva que margeiam o Ganges; nós andamos em torno de cada um deles.

Eu olho novamente para o pátio deserto e, à luz obscura, vislumbro uma pálida aparição deslizando rapidamente sobre os paralelepípedos. Meu coração para; acho que vi Sarada Devi, a esposa de Ramakrishna, entrar correndo no quarto dele com um prato dos seus alimentos favoritos: purês e berinjelas fritas.

Sarada Devi tem nos acompanhado por toda parte em Bengala. Ela desponta das paredes dos armazéns; seu rosto está pintado nas laterais dos caminhões; sua imagem aparece até nos para-lamas dos táxis nos quais viajamos. Duvido que ela, uma menina tímida, camponesa iletrada da pequenina vila de Jayrambati, enquanto crescia, tenha algum dia imaginado que, antes da sua morte, se transformaria em uma Deusa, a mãe espiritual de Bengala.

Quando tinha 5 anos de idade, os pais de Sarada contrataram seu casamento com um sacerdote do templo de

Dakshineshwar. Ele a visitou diversas vezes quando ela ainda era criança; parecia gentil. Mas, os anos se passaram, Sarada se transformou em mulher e o pretendente a marido não reapareceu para reivindicar a noiva. Os vizinhos começaram a mexericar; diziam que o sacerdote havia enlouquecido, que Sarada podia muito bem ser considerada viúva.

Aos 18 anos, Sarada não conseguiu mais esperar, e, com uma segurança que não lhe era característica, pediu ao pai que a levasse a Dakshineshwar para visitar o noivo. Lá, descobriu que Ramakrishna não era insano, só se encontrava completamente absorto na devoção à Mãe Kali. Outros sacerdotes do templo ficavam irritados com suas maneiras não ortodoxas, mas Rani Ma, a supervisora do templo, ficava comovida com a sua intensa devoção e recusou-se a demiti-lo. Ramakrishna não estava, e evidentemente nunca tinha estado, interessado em se casar e, provavelmente, havia escolhido uma noiva bem jovem para ganhar tempo para sua contínua prática espiritual, livre das restrições das responsabilidades maritais. Agora, Sarada estava na sua porta, e era grande a pressão familiar para a consumação do casamento.

— Você vai me arrastar para a vida mundana? — perguntou ele.

— Não — respondeu Sarada.

Ele a desposou.

Nesse meio tempo, Bhairavi Ma, uma iogue tântrica altamente realizada, havia se interessado por Ramakrishna. Observando o fervor da sua devoção, ela tomou a si a responsabilidade de treiná-lo nas complexidades do ioga. Ele ultrapassou todas as suas expectativas; na verdade, sua habilidade no ioga era tão impressionante que quase a amedrontou. Técnicas que ela havia levado a vida inteira para aprender, ele dominara em poucos dias. Os livros sagrados afirmam que um iogue não poderia ficar sentado em *samadhi* por mais de 28 dias sem perder o corpo; Ramakrishna permaneceu sentado imóvel, nos mais elevados estados de meditação, durante seis meses contínuos. Os devotos precisavam forçar comida para dentro da sua boca, a fim de evitar que ele morresse de inanição. Bhairavi sabia que, de acordo com os livros sagrados, somente o próprio Deus foi capaz de permanecer em tais estados elevados por tanto tempo e sobreviver. As declarações de que seu discípulo era uma encarnação divina foram recebidas com incredulidade até mesmo pelos admiradores mais solidários de Ramakrishna. Mas quando ela convidou diversas autoridades das principais religiões da Índia para verificar por si mesmas e elas terminaram as investigações prostradas aos pés dele, o riso cessou. Sarada Devi descobriu que estava casada com Deus.

À medida que a fama de Ramakrishna crescia e cada vez mais devotos se reuniam em torno dele (alguns dos quais, eventualmente, fariam parte da história indiana), Sarada permanecia na retaguarda, servindo silenciosamente ao marido com total concentração. Ela ficou chocada quando, um dia, pleno de espírito divino, Ramakrishna realizou um *puja* para ela, adorando-a como a própria Deusa.

Foi após a morte de Ramakrishna que o culto a Sarada Devi começou a crescer. Ramakrishna havia insistido que, depois de sua morte, ela deveria iniciar discípulos, uma tarefa que, a princípio, faltava-lhe segurança para executar. Lembrando que Ramakrishna tinha considerado a esposa uma personificação viva da Deusa, os devotos insistiram para que ela assumisse o papel de guia espiritual. E então, finalmente, como Ramakrishna, Sarada iniciou os aspirantes, embora, ao contrário do marido, que só podia iniciar poucos discípulos selecionados e especialmente treinados, oferecesse o mantra para qualquer pessoa que a procurasse. Personificando o princípio materno do universo, ela era incapaz de mandar alguém embora.

Aflitivamente tímida desde a infância, Sarada ocultou grande parte da sua vida adulta atrás de um véu. Os devotos que vinham a Dakshineshwar esperando vislumbrar a Mãe Sagrada, muitas vezes não a viam no templo. Só depois que partiam é que tomavam conhecimento de que fora Sarada Devi que havia varrido seus quartos e lavado seus lençóis enquanto eles estavam meditando. As histórias sobre sua santidade se espalharam rapidamente por toda a Índia. Esposa de um dos maiores santos do século XIX, Sarada tornou-se uma das maiores santas do século XX.

Tradicionalmente, as viúvas indianas vestem saris brancos. Sarada quebrou esse costume e vestiu o seu sari branco com um vistoso debrum vermelho. A figura que desliza em nossa direção pelo pátio vazio está vestida com um sari branco debruado de vermelho. É Sri Ma. Meu coração começa a bater novamente.

— Vou levá-los para conhecer meu filho — anuncia Sri Ma.

Bob empalidece e gagueja:

— Ma, eu não imaginava...

Sri Ma apenas sorri e nos conduz, peregrinos ocidentais, pela escuridão, até o templo de Rama, logo além de Dakshineshwar. Nós nos aproximamos dos alojamentos dos sacerdotes e Ma começa a chamar:

— Vashishta! Vashishta!

Um homem, com pelo menos o dobro da idade de Ma, sai correndo e se joga a seus pés. Nós, norte-americanos, recuamos estupefatos. Esse é o primeiro *sadhu* autêntico que encontramos na Índia. Ninguém precisa nos dizer que ele é um *sadhu* — a luz que emana dele fala por si. Ele tem o que os hindus chamam de *tejas* — a inconfundível luminosidade que vem de uma vida vivida na proximidade de Deus. Vashishta, soubemos, é o principal sacerdote desse templo e um devoto de Sri Ma e de Ramakrishna. Ele e Ma falam avidamente em bengali e, depois, ele se vira para nos dizer, em inglês com forte sotaque:

— Vocês não sabem quão afortunados são por estarem com esta mulher. Vocês não sabem o que ela é.

Quando saímos do templo, descobrimos que um dos motoristas de táxi tinha fugido, levando com ele as sandálias de Ma, que ela deixara no carro. Os norte-americanos resmungam, mas eu secretamente suspeito que Bhumesvari, a Deusa da terra, está louvando o divino ladrão. Agradecida pela sua astúcia, ela continua a aproveitar o toque descalço dos pés da Mãe.

Estamos visitando Jayrambati, o local de nascimento de Sarada Devi. Tudo começou de uma maneira um tanto desfavorável. Ma estava nos conduzindo num canto devocional, enquanto saíamos do ônibus, quando um monge da ordem Ramakrishna chegou correndo e gritando:

— Não cantem! Não cantem! Por favor, respeitem a santidade deste lugar!

O swami Satyananda se uniu aos protestos do monge, gritando para nós, com uma falsa raiva:

— Não cantem! Não rezem! A adoração não é permitida neste templo!

O monge não conseguiu perceber a ironia no seu tom.

Nessa vila, no entanto, recebemos uma calorosa acolhida de Ganapati Mukerji, o sobrinho de Sarada Devi. Sri Ma tinha aparentado estar um pouco desapontada com a casa na qual Sarada tinha sido criada e que agora é mantida pela ordem Ramakrishna:

— Está diferente. Eles a modificaram.

No entanto, a família de Sarada nos acolheu bem. Ganapati nos mostrou os artigos do altar com os quais ele costumava reverenciar Sri Ma quando suas perambulações a traziam aqui, anos atrás.

— Por favor, fique aqui — suplica ele. — Eu lhe darei um terreno. Você pode construir um *ashram.*

Ma receberá ofertas de terrenos em virtualmente todas as paradas da nossa excursão.

— Todo mundo me diz: faça o templo aqui, faça o templo ali — replica Ma. — Eu digo: não, faça você mesmo. Faça você mesmo! Quando a flor estiver desabrochando, a abelha virá.

Ganapati está oferecendo doces, e nosso grupo de peregrinos está se deleitando com suas histórias sobre a infância de Sri Ma na Índia. Mas eu preciso ir ao banheiro. Agora. Aquele mal-estar sem graça que os indianos chamam deturpadamente de "ventre de Deli" transformou minhas tripas em palha. Purnima me dá o braço pelas tortuosas alamedas até a latrina da aldeia. Estou impressionada com o fato de me ajudar tão alegremente, quando tenho certeza de que ela gostaria muito de estar com Ma durante esse momento especial com a família de Sarada Devi.

Purnima, eu soube mais tarde, tinha sido atriz, uma sofisticada mulher do mundo. Quando, pela primeira vez, ouviu falar de Sri Ma, foi até ela, esperando ser abençoada pela santa. Ma se recusou a vê-la. Ela voltou muitas outras vezes, e, sempre, Ma pedia aos devotos que fechassem a porta. Durante três anos, Ma não permitiu que Purnima viesse à sua presença.

Finalmente, um dia, enquanto Purnima estava fora, Sri Ma foi à sua casa. Os criados deixaram-na entrar, e Ma passou horas limpando a casa e erguendo um altar para adoração e meditação. Quando Purnima voltou, ficou atônita. Quem tinha feito essa coisa surpreendente?

— Sri Ma — disseram os criados.

Chorando de alegria e de tristeza, Purnima correu para o *ashram* de Ma.

A porta estava fechada.

Purnima passou semanas sentada diante do novo altar em casa, chorando e evocando Ma. Em uma silenciosa noite de lua cheia, ela mais uma vez caminhou até o *ashram* de Ma. A porta se abriu e Purnima recebeu o abraço duradouro da Mãe do Universo.

Calcutá não tem fim. Esparrama-se à nossa volta, tão pesadamente poluída pelos vapores do óleo diesel e pela combustão do esterco de vaca que tossimos como fumantes inveterados. Há vacas em toda parte, encarnações perfeitas da fé e da serenidade que ficam no meio das ruas, tornando caótico o trânsito ao redor delas.

Aqui, na cidade mais feia do mundo, Sri Ma está dizendo:
— Isto é lindo. Tudo é lindo. Deus está em todos os lugares. Está na floresta, está nas aldeias, está aqui. Vocês não podem dizer que ele não está aqui.

Ma está nos conduzindo pelos becos afastados de Calcutá para visitar os devotos mais pobres. Esse é um dia que eles vão lembrar com carinho até o fim da vida: o dia em que a Mãe entrou em suas casas. "Ela esteve aqui", dirão para os netos. "Ela se sentou ali. Ela cantou *Govinda Krishna Jai*."

Fiquei chocada por Manju não me permitir entrar na sua casa até que Ma, pessoalmente, lavasse meus pés. As lágrimas estão caindo em suas faces enquanto ela, suavemente, limpa com a toalha o solo da Índia. O swami explica:

— Na Índia, é considerado uma grande bênção lavar os pés dos devotos.

— Então, eu deveria lavar os dela — protesto.

Como na maioria dos lares que visitamos na Índia, as paredes estão cobertas de imagens de santos e de divindades. Há Ramakrishna, Vivekananda, Lokanath. E há a Deusa Durga, afundando seu tridente no demônio-búfalo Mahisha.

Enquanto os devotos conversam, fico sabendo que aquela indiana idosa que dormiu comigo, no mesmo quarto, na noite anterior, era a mãe de Ma, que tinha vindo do Assão para visitá-la. Eu nunca teria adivinhado que havia uma ligação... Sri Ma não se comportou de nenhuma maneira especial em relação a ela. Então, ocorre-me que o fato de Sri Ma tratar a mãe como os demais não tem a menor importância, já que ela trata todo mundo que encontra com tanto respeito e atenção quanto o faz com a própria mãe.

Seguimos para a casa de Malati. Malati é uma das mais ricas devotas de Sri Ma em Calcutá. Quando nosso grupo de peregrinos chegou a Calcutá e soube que nossa bagagem tinha, não se sabe como, ido parar em Bangladesh, foi Malati que se apressou a comprar uma muda de roupa para cada um de nós. Sua riqueza ficou evidente no momento em que entramos na casa. Há um telefone e uma toalete. Orgulhosamente, Malati exibe a *pièce de résistance*: um aparelho de televisão em preto e branco. Ela se oferece para ligá-lo; nós objetamos.

Somos conduzidos ao quarto de Malati, e nos sentamos em sua cama. Na Índia, em quase todos os lugares, as camas altas e duras servem de sofás. No altar de Malati, há a habitual imagem de Sarada Devi, mas algum artista habilidoso sobrepôs as feições de Sri Ma às de Sarada. É muito interessante.

Malati nos convida para ir ao Bipatarini Chandi Mandir, um templo que ela ajudou a financiar em Rajpur, fora de Calcutá. Não adianta protestar; carros são alugados e nós somos despachados para uma outra viagem acidentada e barulhenta por essa cidade de 12 milhões de pessoas. Finalmente, as choupanas e as empoeiradas lojas a céu aberto desaparecem e entramos na Índia rural.

Quando pisamos nos jardins do *ashram* Bipatarini, Johnathan e eu olhamos um para o outro com os olhos cheios de admiração.

— Isto é *Svarga*, o céu! — exclamamos simultaneamente.

A paz se estende sobre os jardins como uma macia manta de bebê feita de algodão. As árvores dão sombra e oferecem fartamente cocos, bananas, mangas e jacas. Em grandes lagos, pouco profundos, os aldeões lavam alegremente as roupas. Os residentes do *ashram*, encantados em nos ver, aparecem para nos mostrar as instalações, responder nossas perguntas e nos alimentar. Estão radiantes de alegria. Já visitei muitos *ashrams* nos Estados Unidos, mas nunca vi um como este, onde todas as pessoas estão cheias de felicidade e de espírito de serviço altruísta.

— Este é um verdadeiro *ashram* — concorda Sri Ma. — Vamos ficar aqui e fazer *tapasya*.

— Quem é o guru aqui? — queremos saber.

Dizem-nos que o falecido mestre Baba Dulal fez *tapasya* aqui durante muitos anos, jejuando, adorando e meditando, e sob a árvore agora decorada com uma fita vermelha ele finalmente foi abençoado com uma visão da Mãe Divina. A árvore está marcada com um *bedi*, uma espécie de anel de concreto que a protege e que também serve de assento para os meditantes. A sensação de santidade em torno da árvore é extraordinária. Posso sentir a força conservada da meditação de Baba Dulal.

Soubemos mais tarde que pouco antes de morrer Baba Dulal previu que, dois anos depois, ocidentais viriam a esse *ashram* para fazer suas devoções. Quando passamos pelo portão, fazia quase exatamente dois anos desde a sua morte.

Swami e Ma já estão sentados numa clareira perto do *bedi*, entoando o *Chandi*. A maioria dos ocidentais canta a mais curta *Devi Gita*, a Canção da Deusa. Fecho os olhos em meditação. Sinto-me como se estivesse flutuando no céu. Duas horas passam rapidamente no espaço de uma respiração.

Os residentes nos levam para ver as *murtis*, as estátuas dos santos e dos Deuses diante das quais fazem suas devoções. Muitos dos santos retratados aqui são adoradores da Deusa: Ramakrishna, Adi Shankaracharya, Ramprasad Sen, Lahiri Mahasaya. Há estátuas de Lakshmi, a sorridente Deusa da boa fortuna, e de Vishnu, o herói do universo que se manifestou na Terra há cinco mil anos como o príncipe yadava Krishna (o orador do Bhagavad Gita) e, milhares de anos antes, também como Rama, o marido e o rei ideal. Eles querem nos mostrar uma outra estátua, a que o próprio Baba Dulal esculpiu, retratando a visão que havia tido embaixo da árvore. Estamos diante da última *murti*, e meus joelhos quase se dobram.

Ali, elevando-se acima de nós, está uma Durga de dois metros de altura, com um dos pés apoiado sobre um enorme leão e o outro prendendo o espantoso rei-demônio Mahisha, enquanto ela atravessa o tridente no coração dele. Pintados na parede em torno da estátua estão Deuses que saúdam a sua vitória e a hoste de demônios olhando com horror enquanto Mahisha é destruído.

— Meu Deus! — exclama Cathy.

Nós mal conseguimos falar. A *murti* é tão vívida que mais tarde Cathy jura que viu os olhos da Deusa se mexerem.

Ao ficar embaixo da *murti*, nós vislumbramos o processo universal que ela representa, quão inexoravelmente a Deusa nos esmagará — aniquilando os Mahisha no interior de cada um de nós —, destruindo tudo o que seja inferior a ela própria. Essa é a Mãe Universal, e aqui está sua impiedosa graça. Um poeta escreveu: "Se você quer viver do mesmo modo que vivia anteriormente, por favor, não invoque Kali."

Sri Ma se esgueira para trás da tela que nos separa da *murti* e toca no pé erguido de Durga.

Os patrocinadores do Mira Bai Mandir, proprietários de uma cadeia de restaurantes norte-americanos chamada Gaylords, convidaram o swami Satyananda e Ma para conduzirem um *satsang* no templo, nesta noite. O swami fará uma pequena palestra, e o "Espetáculo de Cães e Pôneis de Sri Ma", como nós, peregrinos ocidentais, nos apelidamos, conduzirá o *kirtan*, o cântico religioso. Depois disso, os devotos poderão se apresentar para a bênção pessoal da Mãe.

O templo está abarrotado; centenas de devotos estão sentados no chão sob as divindades do templo: Parvati e seu companheiro, o Senhor Shiva; Sita e seu marido, Rama; Radha e seu amante, Krishna. O nosso grupo inicia uma das minhas *bhajans* favoritas, de autoria do grande poeta Ramprasad:

Um dia chegará o momento,
um dia chegará o momento
no qual evocarei Tara! Tara! Tara!
e lágrimas cairão dos meus olhos.

Do fundo do coração, evocamos Tara — a Deusa que conduz seus filhos em segurança através do agitado mar da vida para aquela Outra Praia. De repente, meus olhos estão úmidos.

As canções terminam, e instantaneamente a multidão se agita. Cada devoto espera receber algumas palavras de conforto ou aconselhamento da Mãe Sagrada: uma promessa de que um filho vai nascer, uma profecia de alívio financeiro, a cura para uma doença. Há centenas deles.

Sri Ma escapa.

Santos de todos os tipos de personalidade têm dignificado as terras da Índia. Há santos pacíficos e santos irascíveis; santos intelectuais e santos extáticos; santos guerreiros e santos renunciantes. Alguns têm vivido em palácios, outros sentem-se à vontade em montes de esterco. Alguns santos andam entre as massas; outros, como Sri Ma, são indivíduos reservados que só desejam se sentar sozinhos num pequeno templo, realizando o *puja* e oferecendo orações. Por mais que ame essas pessoas, os inumeráveis dias longos, visitando devotos após devotos, têm sido um grande esforço para Sri Ma. Para sua natureza delicada, essa multidão é demais.

Como uma iogue escapa? Ma ergue a mão direita para abençoar, fecha os olhos e se funde com Deus. A respiração para; o corpo fica absolutamente imóvel. Ela está em *samadhi*, o estado da união divina. As ondas de paz que emanam daquele pequenino corpo engolfam todas as pessoas no templo.

A atmosfera no saguão muda completamente. Num momento é um circo, dificilmente controlável. No instante seguinte, uma reverência silenciosa assola a multidão e tranquilamente, uma a uma, as pessoas se adiantam para tocar os pés de Mãe. Nesta noite, elas receberam uma bênção muito maior do que a que tinham esperado.

Em seu voo para o divino, Sri Ma carregou com ela cada coração desta sala.

Estamos em algum lugar rural de Bengala quando nosso pequeno jipe morre. Nós, 14 peregrinos, alguns dos quais estavam sentados no colo dos outros, alguns com as pernas penduradas para fora das janelas, nos arrastamos para fora na poeira indiana. A avaria proporciona o entretenimento noturno do local; toda a vila sai à rua para observar. Sem dúvida, entre aqueles que estão aqui, há rostos mais jovens que nunca viram uma pessoa branca anteriormente. Definitivamente, Sri Ma não tem nos conduzido por percursos turísticos corriqueiros. O swami Satyananda se apressa para encontrar um telefone; milagrosamente, existe um em uma loja da vizinhança.

Uma hora e meia depois (por favor, entenda que para os padrões indianos isso significa instantaneamente), jipes da polícia precipitam-se sobre nós e somos transportados para a casa do nosso salvador, o sultão Singh, inspetor-geral da polícia do oeste de Bengala e antigo devoto de Ma. Não há nada que ele não esteja disposto a fazer por nós. Em essência, colocou as instalações, os veículos e o pessoal do departamento de polícia de Bengala à disposição de Sri Ma. Inicialmente, fico chocada com essa manipulação irregular dos recursos públicos para benefício particular, até que me lembro de que este é um país no qual os santos são tão valorizados quanto os norte-americanos veneram as estrelas do cinema e os atletas profissionais. Singh está tratando Ma como uma dignitária visitante muito ilustre.

A casa de Singh vai além da imaginação. Construída pelos portugueses duzentos anos antes da fundação do meu país, é tão sólida que acredito que poderia suportar um ataque nuclear direto. Cada aposento tem cerca de quatro vezes o tamanho do meu apartamento, e há muitos, muitos aposentos. O pé-direito é de 6 metros. Relaxando na varanda, de onde se vislumbra o Ganges, Sri Ma de repente percebe quanto essa casa a faz lembrar do lar da infância. Inspirado pelo gorgolejar do rio sagrado bem perto da varanda, o swami Satyananda começa a falar sobre a realidade espiritual por trás desse *maya*.

No Tantra hindu, a realidade estática, imutável, é considerada masculina, enquanto o aspecto ativo, dinâmico, é chamado de feminino, a *shakti*. Entre Sri Ma e Satyananda parece que os papéis se inverteram. Sri Ma, em geral, se mantém silenciosa. Quando alguém traz uma questão sobre Deus ou sobre a vida espiritual, ela tranquilamente faz sinal para o swami, que com grande prazer explica durante horas. Ele é a *shakti* dela. Ela permanece na realidade; ele articula sua experiência. É uma simbiose fascinante.

O sultão Singh vira-se para Ma.

— Você parece Sarada Devi — diz ele, incisivamente.

Ela o ignora e começa a conversar com as mulheres no idioma bengalês, subitamente falante como se isso lhe fosse peculiar.

Estamos na rodovia nacional, num ônibus escolar doado, a quase 60 quilômetros por hora. Essa velocidade parece temerária quando passamos aos trancos pelas crateras que estão por toda a estrada. O trânsito é inimaginavelmente caótico. Caminhões enormes e brilhantemente pintados ("carretos de mercadorias") se precipitam arrojadamente uns contra os outros, escapando por milímetros de baterem e, às vezes, não conseguindo escapar. Jinriquixás de três rodas motorizados expulsam as bicicletas para fora da estrada; automóveis parecidos com tanques expulsam os jinriquixás motorizados para fora da estrada; os caminhões expulsam os carros para fora da estrada.

Vemos um menino de 5 anos estirado na estrada, os miolos espalhados pelo calçamento. É a mais recente morte na estrada num país que não quer se preocupar com as leis de trânsito, onde os veículos motorizados são um método de controle populacional.

— Ele está morto — diz Ma, com tranquilidade. — Este é o seu carma. Temos de aceitar.

Sento-me novamente no meu lugar. Levará algum tempo para eu digerir isso. Mas a Mãe do Universo já assimilou novamente a criança morta no próprio ser voraz.

Estou emocionada com Benares. Anunciada como a mais antiga cidade continuamente habitada do mundo (há seis mil anos, quando os Vedas foram compostos, essa cidade já era antiga), eu tinha imaginado que seria suja e decrépita. Em vez disso, descubro uma das mais, desconcertantemente, lindas cidades do mundo. Os carros não podem entrar nas pequeninas alamedas da Cidade Velha. Ao nos aproximarmos do *ashram* no qual ficaremos hospedados, fomos obrigados a sair do nosso táxis, colocar a bagagem nas costas e andar.

Sri Ma já havia se hospedado no Trailinga Swami Ashram. O administrador do *ashram* está nos esperando na porta, ansioso para vê-la.

Deixamos a bagagem nos quartos no sótão, esquivando-nos dos alegres macacos que pulam de telhado em telhado e parando para acariciar os bezerros que vivem no alto da construção. Então, vemos algo completamente inédito: Sri Ma está excitada. Nós a seguimos, descendo os degraus largos do Pachaganga Ghat (o local exato onde o sábio poeta muçulmano Kabir induziu pela astúcia o guru hindu Ramananda a iniciá-lo no mantra Ram, cinco séculos atrás!). Gritando de prazer, Ma se atira no Ganges. Ela submerge várias vezes no rio sagrado, que tem a reputação de lavar os pecados.

— Esta é por Parvati! Esta é por Gotam! Esta é por Jit! — exclama ela, evocando o nome dos devotos que ficaram nos Estados Unidos, enquanto oferece mãos cheias de água sagrada de volta ao rio.

Ma quer levar nosso grupo de dez peregrinos norte-americanos ao Vishvanath, um dos três templos mais sagrados do hinduísmo. Com um séquito de entusiasmados devotos indianos, subimos num pequeno barco de madeira e um adolescente nos transporta por metade da extensão da cidade de Benares até o cais do Vishvanath. Fico me sentindo muito mal em ver o pobre rapaz lutando tanto para remar esse barco superlotado nessa distância tão grande, e tudo por 40 rúpias (pouco mais de 1 dólar), até que observo que, vinte minutos depois, ele não deixou cair uma única gota de suor; nem ao menos está ofegante. Meu Deus, nossos pesquisadores deveriam examinar aquele coração! Enquanto flutuamos diante das surpreendentes escadarias que levam ao rio, Ma conduz o grupo em um canto forte:

— *Jai Ma, jai Ma/Jai jai Ma!* (Vitória à Mãe Divina! Vitória! Vitória!)

Por toda a extensão os ribeirinhos erguem os olhos das lavagens e se erguem de seus banhos para observar os norte-americanos loucos que passam glorificando a Deusa.

Quando nos aproximamos do Vishvanath, as palavras de uma *bhajan* indiana que cantei centenas de vezes me vêm à mente: *"Hara Hara Mahadeva Shambho/Kashi Vishvanatha Gange!"* (Salve o grande Deus Shiva, que mora no tem-

plo Vishvanath, em Benares, perto da margem do Ganges!)
Sri Ma guia o grupo em direção ao sacrário interno, onde
está guardada a mais sagrada das *lingams* da Índia. Repenti-
namente, brâmanes furiosos aparecem gritando:

— Os que não são hindus não têm permissão!

Bob recua chocado; Marianne começa a chorar. Tenta-
mos explicar que alguns de nós têm praticado a fé hindu
há vinte anos, mas os brâmanes não nos dão atenção. Um
renunciante vestido em tom laranja surge, parecendo terrivelmente aflito, e grita:

— Não, não, não! Vishvanath é para todos! Por favor,
entrem!

Mas o caminho permanece barrado. A cena fica cada vez
mais tensa, enquanto sacerdotes irados enchem o pequeno
templo.

Finalmente, Sri Ma nos leva para a rua estreita do lado
de fora. Permanecendo serena fora do templo, Ma anuncia,
com tanta tranquilidade como se estivesse informando as
horas:

— A Mãe nunca proferiu uma maldição. Hoje, vou pro-
ferir uma maldição. Os brâmanes serão destruídos. A Mãe
será oficializada no templo.

Seguimos Sri Ma até o Ganges. Ela entra na água, dizendo:

— A Mãe Ganga aceita todo mundo. Ela nunca vai
mandar alguém embora. — Com a água sagrada nas mãos,
Ma nos pede para rezar com ela: — Todos nós somos um.
Todos devem ver que somos um. Não deve haver ódio em
lugar algum.

Eu entro no rio claro e translúcido, oferecendo a mão
cheia de água de volta ao Ganges, e observo enquanto as
gotas se unem à corrente.

Sem que soubéssemos, o incidente em Vishvanath causou furor em Benares. O fato de Ma ter amaldiçoado o templo abalou seriamente muitas pessoas: na Índia, as maldições vindas de almas que compreendem Deus não são encaradas com leviandade. Evidentemente, os brâmanes do templo receberam uma avalanche de protestos.

Uma semana depois, recebemos um telefonema dos sacerdotes de Vishvanath. O grupo seria benvindo no templo a qualquer momento, e a política referente a barrar os que não fossem hindus estava sendo reconsiderada.

Compreendo agora que a maldição da Mãe é sua bênção maliciosa. Como a mãe que suavemente dá uma palmada no traseiro de um filho, essa é sua maneira de nos afastar.

Um dia, tarde da noite, quando estávamos sentadas no sofá do Mira Bai Mandir, perguntei:

— Ma, Sarada Devi disse a Ramakrishna que estava completamente desiludida com a vida humana e que, em nenhuma circunstância, voltaria a este planeta. Ele a repreendeu e disse que ela precisaria voltar para servir aos devotos. Depois, prometeu que ele próprio voltaria dentro de cem anos. Ma, está fazendo cem anos agora. Ele está aqui?

— Ele está aqui — respondeu ela, tranquilamente. — Abra seu olho espiritual. Você vai vê-lo.

Embora eu tenha aprendido muito com Sri Ma, ainda existe um assunto que me deixa profundamente desconfortável. Os vestígios da minha educação cristã me fazem sentir que chamar alguém, não importa quão santo seja, de Deus ou Deusa é uma blasfêmia.

— Eu chamo Sri Ma de Mãe Divina porque, como Ramakrishna, Jesus, Moisés e outros grandes seres, ela uniu completamente sua consciência ao divino — reage o swami Satyananda. — Na Índia, quando vemos um santo, um ser que se uniu à Realidade Suprema, dizemos que, mesmo que ele pareça ser uma pessoa limitada como nós, sua essência é una com Deus e, portanto, ele é Deus. A verdade é que todos nós somos encarnações de Deus, só que os santos sabem que são.

Hoje, nenhuma pergunta cética conseguiria tirar o bom humor do swami. Ele acabou de receber uma resposta dos sacerdotes de Dakshineshwar à solicitação de Sri Ma de realizar um *puja* especial de 24 horas para a Deusa no templo. Depois de mais de cem anos, os brâmanes permitiram que o rito acontecesse. A última vez que esse *puja* foi executado, foi o próprio Ramakrishna quem o realizou. Se Ma está contente com a notícia, seu rosto não revela. A Mãe do Universo senta-se perto de uma cesta de flores e, serenamente, começa a preparar grinaldas.

Anandamayi Ma: A Mãe impregnada de alegria

R INDO E BRINCANDO, BHOLANATH Chakravarti se dirige para casa acompanhado de um amigo, a fim de exibir a bonita esposa. Entretanto, quando atravessaram a porta, a esposa de Bholanath não se moveu, continuou sentada no chão, em silêncio, com um xale cobrindo-lhe a cabeça. Aborrecido com ela por não ter se levantado para recebê-los, Bholanath falou asperamente:

— Você não está vendo que temos visita? Quem você pensa que é?

Lentamente, a jovem ergueu o xale do rosto. A energia que emanava dela era tão intensa que, como eles recordaram mais tarde, os dois homens involuntariamente saltaram para trás.

— *Purna brahma narayana* — respondeu ela. — Eu sou a realidade que a tudo permeia.

Uma das sábias mais extraordinárias dos tempos modernos havia acabado de se revelar.

Nirmala Sundari (em sânscrito, "Beleza Imaculada", um nome adequado a uma mulher cuja beleza, tanto física quanto espiritual, era de tirar o fôlego) nasceu em 1896, em Kheora, leste de Bengala (hoje, Bangladesh). Na época de sua morte, em 1982, essa camponesa virtualmente iletrada foi reverenciada em todo o mundo como Anandamayi Ma, a Mãe Impregnada de Alegria.

Nirmala era lembrada por vizinhos e parentes como uma criança excepcionalmente alegre e luminosa — mas não especialmente inteligente. A tendência de parar abruptamente todas as atividades e fixar os olhos abstratamente no espaço por longos períodos deixava os pais apreensivos. A preocupação deles tinha começado no momento exato do seu nascimento, quando a criança recém-nascida não chorou. Anos mais tarde, quando sua mãe se lembrou desse acontecimento alarmante, Nirmala reagiu:

— Por que eu iria chorar? Eu estava olhando as árvores através das ripas da janela.

Nirmala ficou somente dois anos na escola, pois teve de sair para começar a cuidar da casa em tempo integral. Em 1909, os pais contrataram seu casamento com Bholanath; cinco anos depois, ela foi morar com ele. Ao ver sua estonteante noiva, Bholanath deve ter se considerado o homem mais sortudo da Terra. De fato, ele havia sido abençoado, mas não do modo que esperava, uma vez que a esposa recusava-se a fazer sexo com ele. A consternação transformou-se em aversão, quando, ao acordar no meio da noite, ele viu Nirmala se contorcendo no chão e emitindo sons estranhos e obscuros. Ficou convencido de que ela estava possuída e, de fato, consultou um exorcista. Nem Bholanath nem Nirmala tinham treinamento religioso formal, e assim, na época, nenhum dos dois reconheceu que Nirmala estava assumindo espontaneamente posturas da Hatha Yoga ou que suas estranhas vocalizações eram, na verdade, mantras sagrados.

De 1918 a 1924, Nirmala se observou passar pelos vários estágios da *sadhana*, a prática espiritual. Desde o momento do seu nascimento plenamente consciente, quando ficou olhando as árvores, Nirmala aparentemente permaneceu no estado de *sakshin*, como é chamado o estado de testemunho lúcido no ioga. Ela não se via fazendo coisa alguma. Tudo estava apenas acontecendo.

— O que eu sou, sempre fui, desde minha infância — informou ela posteriormente. — Diferentes estágios da *sadhana*, porém, se manifestaram por este corpo. A sabedoria teve de ser revelada pouco a pouco; o conhecimento integral precisou ser dividido em partes.

Nirmala — que nasceu com o conhecimento da unidade de toda a criação — achava surpreendente vivenciar o mundo aos poucos e em partes, como nós fazemos.

O comportamento não ortodoxo de Nirmala, muitas vezes, chocou a família. Uma dessas ocasiões ocorreu quando ela se recusou a se curvar diante dos seus antepassados, um requinte social considerado imprescindível em Bengala. Nirmala, porém, tinha ouvido uma voz lhe dizer: "Você não deve se curvar diante de ninguém. A quem você quer homenagear? Você é tudo."

— Imediatamente — afirmou Nirmala — compreendi que todo o universo era minha própria manifestação. O conhecimento parcial deu lugar ao universal, e eu me descobri face a face com a Unidade que aparenta ser muitas coisas.

Isso — o auge de todo o esforço místico — realmente seria uma façanha para qualquer pessoa, ainda mais para uma jovem que nunca havia tido um guru.

Não que o assunto de um guru ou guia espiritual não tivesse surgido — os amigos que conheciam as inclinações espirituais de Nirmala encorajaram-na com veemência a buscar um mestre que a iniciasse formalmente na vida espiritual. Ela foi até os *pandits* locais, mas nenhum deles estava interessado em ensinar uma camponesa pobre e iletrada. Em 3 de agosto de 1922, numa ruptura total com toda a história da tradição religiosa hindu, Nirmala Sundari Chakravarti se sentou e iniciou a si mesma. O ioga ensina que o guru, o mantra que ele confere durante a iniciação e o discípulo são, na realidade, um só. Já estabelecida naquela realidade indivisível, Anandamayi Ma dramatizou essa unidade quando interpretou os papéis de mestra e de discípula simultaneamente, com o seu Eu superior conferindo o mantra ao seu eu inferior. Assim, ela recebeu o mantra diretamente da divindade interior e tornou-se uma das poucas sábias do hinduísmo que, como Brahmajna Ma (Mãe do Conhecimento Supremo) e Ramana Maharshi, alcançaram a plena iluminação sem a ajuda de um guru.

Em 1922, Bholanath, o aturdido marido de Nirmala, havia visto o suficiente para compreender que a esposa não estava possuída por demônios. Ele concluiu que, se ela estava possuída, era por Deus. Tornou-se seu primeiro discípulo — um gesto que escandalizou muitos indianos. Até o dia da morte de Anandamayi Ma, os ultraortodoxos mantiveram que não era apropriado um homem se curvar aos pés da própria esposa.

Em 1924, Bholanath teve sua grande oportunidade: ofereceram-lhe um emprego de superintendente dos Jardins

Shahbag, em Dhakka. Ele e Nirmala se mudaram para uma casa de campo no estado de Shahbag, assim, enquanto Bholanath supervisionava os jardins, Nirmala se dedicava a um número cada vez maior de devotos. Os rumores de curas milagrosas atraíram algumas pessoas, outras vieram por causa da música. A voz de Nirmala, quando ela cantava as glórias de Deus, era sublime. A população local começou a chamá-la de Mãe de Shahbag e, pouco tempo depois, passou a chamá-la de Mãe do Mundo.

As palavras dessa mulher radiante surpreendiam os visitantes. Ela falava com autoridade sobre estados além do tempo e do espaço, como se os conhecesse intimamente. "O tempo devora incessantemente. Tão logo a infância acaba, a juventude assume seu lugar — uma engolindo a outra. Isso ocorre tão lentamente que a pessoa dificilmente percebe acontecer. Mas, na realidade, o surgimento, a continuidade e o desaparecimento ocorrem simultaneamente em um só lugar. Tudo é infinito; infinito e finito são, de fato, a mesma coisa. Em uma grinalda, há um único fio, embora haja lacunas entre as flores. São as lacunas que causam a carência e o sofrimento. Preenchê-las é se libertar." Nirmala ensinava seus extasiados discípulos a preencher as lacunas com o amor a Deus e a submissão à Sua vontade. Ela insistia que Deus não era somente o criador do universo, mas a essência do próprio ser da pessoa. "A verdadeira natureza do homem — dê a isso o nome que você quiser — é o Eu supremo de tudo."

Em 1924, Nirmala parou de se alimentar. Ela observou que suas mãos simplesmente não conseguiam levar o alimento à boca. Até o fim da sua vida, os devotos tiveram de alimentá-la como a um bebê.

Em 2 de junho de 1932, à meia-noite, Nirmala convocou alguns discípulos íntimos e fez um surpreendente comunicado. Estava partindo. "Por quê?", os devotos suplicaram. "Para onde ela iria?" Ela disse que não sabia e partiu imediatamente. Durante um ano, ela se instalou num templo abandonado de Shiva, perto de Dehradun, aparentemente sob rigorosa penitência, embora permanecesse, como ela mesma admitiu, numa inexprimível alegria. Para Bholanath, que ficou com ela no abrigo precário, a experiência deve ter sido um pouco menos prazerosa. De qualquer maneira, esse foi o último local que, pode-se dizer, Anandamayi Ma morou. Depois disso, ela se mudou constantemente. Em cada lugar que parou, surgiram *ashrams* e instituições de caridade.

Apesar da ausência de um guru, Nirmala não estava, de maneira alguma, sem orientação espiritual. Seu *kheyal*, ou Guia Interior, direcionava o curso da sua vida — algumas vezes, do ponto de vista dos devotos, de modo bastante excêntrico. As centenas de histórias sobre o *kheyal* de Anandamayi Ma são lendárias. Uma noite, por exemplo, durante um *kirtan* (cântico religioso), Nirmala se levantou e saiu andando rapidamente para fora da casa. Dois devotos correram atrás dela, perguntando para onde ela estava se dirigindo.

— Sarnath — respondeu ela.

Sarnath ficava a muitos quilômetros de distância.

— Por que você está indo esta noite? — quiseram saber os devotos. — Não há nenhum trem para Sarnath a esta hora!

Nirmala continuou em ritmo apressado até a estação ferroviária. A seu pedido, um devoto comprou bilhetes para o trem postal que passaria perto de Sarnath, mas que não estava programado para parar por lá. Inexplicavelmente, o trem parou naquela estação. Nirmala e os dois entontecidos devotos saltaram.

— Qual o caminho para o Hotel Birla? — perguntou ela.

Eles não tinham a menor ideia. Ela continuou andando vigorosamente, com o minúsculo séquito correndo para acompanhá-la.

O hotel surgiu, e os três peregrinos entraram apressadamente. Nirmala ignorou o hoteleiro e se dirigiu diretamente para um quarto. Ao se aproximarem, os devotos escutaram uma mulher gemendo dentro do quarto. Nirmala bateu com força na porta, dizendo:

— Está tudo bem! Eu estou aqui!

A porta se abriu e os devotos ficaram surpresos ao ver Maharattan, uma condiscípula, que havia chegado algumas horas antes a Sarnath — só e sem dinheiro — e, desde então, tinha estado chamando por Anandamayi Ma.

Nirmala passou o resto da noite conversando com Maharattan sobre seu temor. Indubitavelmente, essa experiência curou a agradecida devota de qualquer ansiedade durante algum tempo!

Em 1955, quando o juiz distrital de Vindhyachal soube que Anandamayi Ma estava visitando sua área, correu para ter seu *darshan* (a bênção de ver um santo em pessoa). Ma parecia estar esperando por ele, e levou-o para a varanda. Apontando para o jardim, ela instruiu:

— Deuses e Deusas estão por aí, debaixo da terra. Eles me disseram que é muito cansativo ficar enterrado e que gostariam de ser retirados. Você pode ajudá-los?

Imediatamente, o juiz reuniu um grupo de trabalho que começou a cavar. Penetrar na rocha era um trabalho árduo. No segundo dia, todo o grupo estava irritado, questionando se o juiz havia perdido a razão. No terceiro dia, o grupo descobriu duzentas primorosas estátuas antigas enterradas na lama.

Anandamayi Ma era abraçada não apenas pelas pessoas simples, mas pelos maiores intelectuais, santos e políticos da Índia (incluindo Mahatma Gandhi, que se encontrou com ela em 1942, e Indira Gandhi, que a admirava desde a infância). Quando o maior intelectual da Índia, Gopinatha Kaviraj, visitou Ma, as respostas às questões filosóficas de difícil compreensão que essa mulher sem educação formal instantaneamente ofereceu o surpreenderam tanto que ele se mudou para o *ashram* dela, onde ficou até o fim da vida.

A estima por Anandamayi Ma se refletia nos acontecimentos que cercavam suas aparições nas *kumbha melas* da Índia, festivais religiosos que atraíam milhões de peregrinos, inclusive os dirigentes das principais instituições religiosas indianas. A rivalidade entre os vários líderes religiosos é famosa e, às vezes, infelizmente, tempera os *melas* com intolerância, em vez de com o espírito de harmonia que os festivais pretendem promover. Na última década da vida de Ma, parecia só haver uma única coisa com a qual os dignitários religiosos concordavam: todos iam à barraca de Ma para se curvar diante da mulher idosa cuja santidade era tão evidente que até mesmo o mais rancoroso deixava o egotismo, com as sandálias, do lado de fora. Brâmanes inimigos apareciam pedindo a Ma que arbitrasse suas disputas; após alguns minutos em sua silenciosa e luminosa companhia, os argumentos se enfraqueciam e eles saíam da barraca sorridentes e se abraçando. Foi ali que Ma finalmente foi reconhecida como a Mãe Universal; a santa cuja compaixão não conhecia barreiras de casta, credo ou nacionalidade; a santa diante da qual todas as pessoas, independentemente da sua formação, reverenciavam a serenidade.

O encontro de Paramahansa Yogananda com Ma, como descrito no seu clássico *Autobiografia de um iogue*, foi a primeira apresentação de Anandamayi Ma a muitos ocidentais. A resposta de Ma à solicitação dele para que lhe falasse sobre si mesma merece ser reproduzida: "Minha consciência nunca esteve associada ao corpo temporal. Antes de vir para esta Terra, eu era a mesma. Quando criancinha, eu era a mesma. Transformei-me em mulher, mais ainda era a mesma. E agora, na sua frente, eu sou a mesma. Em qualquer ocasião futura, embora a dança da criação se modifique ao meu redor no corredor da eternidade, permanecerei a mesma."

Muitas das maiores tradições espirituais do mundo falam de uma realidade imutável por trás do fluxo da vida material, uma espécie de existência que permanece mesmo após a dissolução do próprio universo. O objetivo do ioga é retornar a esse fundamento do ser, a claridade luminosa do budismo, a "Divindade por trás de Deus" do místico cristão Meister Eckhart. As palavras de Anandamayi Ma, e sua vida ainda mais, revelam que ela estava continuamente imersa no oceano do ser puro que permanece para sempre o mesmo.

Anandamayi Ma não escrevia nem dava conferências; simplesmente vivia na presença divina, momento após momento. Do seu ponto de vista, ela não servia às outras pessoas, porque não as via como separadas de si mesma. Remover o sofrimento delas era simplesmente aliviar a si própria. Embora os devotos a vissem viajando por toda a Índia, ela nunca foi a lugar algum: "Para este corpo, a questão do ir e vir não procede. Este corpo não vai nem vem de lugar algum. O universo como um todo é o lar deste corpo. Para onde este corpo pode ir? Em todos os lugares, só existe uma única consciência onipresente. Não há nenhum espaço para o corpo se mover ou até mesmo para se virar. Mesmo que ele seja empurrado, ainda estará lá."

Afortunadamente para a posteridade, diversos seguidores de Anandamayi Ma anotaram as respostas dela às suas perguntas; esses diários constituem a parte principal de sua mensagem para a humanidade. Sobre os desejos mundanos, ela dizia: "Se você deseja fama ou riqueza, Deus irá dá-la a você, mas você não se sentirá satisfeito. O reino da consciência é uma unidade, e até que vivencie isso em sua totalidade você nunca ficará contente. Ao mesmo tempo, Deus lhe concede um pouquinho da sua alegria para manter vivo seu descontentamento, porque, sem essa insatisfação, você não vai progredir. Você, um filho da imortalidade, nunca vai se sentir à vontade no reino da morte, nem Deus vai permitir que você permaneça ali. Lembre-se de que o sofrimento que você experimenta é o início de um despertar da consciência."

Por que existem religiões diferentes e tanto conflito entre elas? "A controvérsia faz parte da trajetória, mas, na verdade, todos estão em casa. O mesmo caminho não é para todos. Mesmo numa família, cada filho tem uma inclinação. Cada pessoa na busca espiritual é moldada por caminho único, mas todas precisarão passar pelo portão da verdade."

O que é um guru? "Todo mundo é um guru. Cada pessoa com quem alguém aprendeu alguma coisa, não importa quão insignificante tenha sido, pode ser chamada de guru desse alguém. Mas o verdadeiro guru é aquele cujos ensinamentos guiam você em direção à compreensão do Eu. Implore continuamente a Deus que ele seja revelado a você como seu mestre espiritual. Contudo, na realidade, o guru habita seu interior, e, a menos que você descubra o guru interior, nada poderá ser alcançado."

Ma descrevia a experiência do místico como uma espécie de afogamento. "Suponha que algumas pessoas vão tomar banho de mar. Aquela cujo único objetivo é o próprio oceano não vai olhar novamente para a praia. Entregue-se à onda e você será sugado pela corrente; tendo submergido no mar, nunca mais você retornará. O eterno em si é a onda que inunda a praia, de modo que você possa ser levado embora. Se o seu objetivo é o supremo, você será conduzido pelo movimento da sua verdadeira natureza. Fazendo o papel da onda, ele segura sua mão e lhe diz: 'Venha!'"

Anandamayi Ma ensinava que a única realidade é a realidade divina; que a percepção de nós mesmos como separados de Deus é apenas um sonho, uma imposição da ignorância, e que as pessoas que se libertam dos apegos a desejos mesquinhos e motivações egoístas, voltando-se sinceramente para o divino, não no céu mas no seu interior, podem viver cada momento em perfeita alegria. Disso, ela mesma era um exemplo vivo.

"Sorria o mais que puder. Assim, todos os nós rígidos no seu corpo serão afrouxados. Tornando seus os interesses das outras pessoas, busque refúgio aos pés delas com total entrega. Então, você perceberá que o riso que flui do seu coração iluminará o mundo."

A maior contribuição de Anandamayi Ma não foi tanto o que ela fez ou o que disse, mas o que ela foi. Ela surpreendeu e inspirou milhões de pessoas — primeiro, na Índia, depois, em todos os lugares do mundo — com sua natureza autêntica: incessantemente radiante, totalmente unida ao divino e, no entanto, constantemente sensível às necessidades de todos que chegavam até ela. Os estados de perfeição sobre os quais os estudantes de ioga leem nos livros eram fisicamente demonstrados por essa mulher que mudava de consciência divina tão sem esforço quanto as pessoas se mexem.

A resposta enigmática de Ma à pergunta "Quem é você?", frequentemente feita por seus devotos, era: "Eu sou tudo aquilo que você achar que sou." Talvez isso fosse um indício de que Anandamayi Ma era simplesmente um espelho daquilo que há de mais puro e mais maravilhoso no nosso interior e de que o propósito da sua existência era somente nos mostrar o que cada um de nós pode ser.

Para nós, hoje, a quase iletrada camponesa de Bengala oferece um exemplo radical de uma mulher realmente liberada — um ser humano que amou as pessoas que chegaram até ela como se fossem seus próprios filhos, sem apegos e restrições, e que as serviu sem se preocupar em saber se elas eram suficientemente agradecidas. Durante suas longas viagens, nunca demonstrou medo; ela não parecia capaz de conceber nenhuma realidade diferente da alegria no âmago do seu próprio ser. Ela percebia essa alegria permeando todos os seres em todos os lugares, então, do que poderia ter medo? De acordo com a literatura mística indiana, para uma pessoa naquele estado de consciência, viajar sem dinheiro de uma ponta à outra do subcontinente indiano não requer mais coragem do que para passear num jardim.

Carol Devi fez três viagens à Índia para passear com Ma naquele jardim.

— Ela possuía uma presença e uma natureza surpreendentes. O poder da sua presença se irradiava como uma enorme circunferência. Muitas vezes, você não conseguia ficar tranquilo porque havia pessoas demais ao redor dela, mas você também não precisava tentar meditar. As vibrações de Ma eram tão fortes que o empurravam para a meditação. Ma apoiava qualquer que fosse sua *sadhana* (prática espiritual) ou sua tradição. Todas as crenças e dogmas tornavam-se uma só coisa para Ma. Não importava qual religião você seguia. Não havia a sensação de que uma religião era melhor do que outra.

Se você fosse um devoto cristão, por exemplo, mas queria ser iniciado na meditação, Ma lhe daria o nome de Jesus como o seu mantra. E, ao contrário de alguns mestres que proíbem os devotos de homenagear outros santos, Anandamayi Ma não hesitou em permitir que Carol visitasse outros sábios. Ma nunca deu ênfase à lealdade:

— Eu podia ir a qualquer grupo que desejasse — diz Carol —, mas nunca houve nenhuma dúvida de que ela era minha mestra. Eu tinha uma relação de total intimidade com Ma, mas todos na sala também tinham. Era semelhante a Krishna com as *gopis*.

Enquanto o avatar Krishna vivia na aldeia rural de Vrindavan, todas as *gopis*, as camponesas que cuidavam das vacas, eram apaixonadas por ele. Uma noite, para satisfazer os desejos delas, ele as convidou para ir à floresta. Então, ele emanou de si mesmo dezenas de Krishnas idênticos, e cada um deles dançou durante a noite mística com uma *gopi* diferente. Cada moça acreditou que estava sozinha com o Senhor, que ele pertencia apenas a ela. Carol Devi, assim como todas as pessoas admitidas na presença da santa, era a mais especial do mundo para Ma.

Embora Anandamayi Ma já fosse idosa quando Carol a conheceu, acompanhá-la era estafante. As constantes viagens e as condições difíceis no sul da Ásia deixavam Carol exausta.

— Contudo, foi espiritualmente estimulante. Era como andar com Jesus.

A americana Hari Priya escreveu para Anandamayi Ma perguntando se permitia que ela fosse vê-la. Ma respondeu: "Você será sempre benvinda. Se for a hora de você vir, Deus tomará as providências." O dinheiro para a viagem se materializou do éter e, duas semanas depois, Hari Priya estava em Dehra Dun. Ela faria outras dez viagens à Índia para estar com Ma; ao todo, passou quatro anos na sua presença.

— Se Cristo ou qualquer outra pessoa santa estivesse na Terra, eu iria vê-la. Portanto, evidentemente, fui ver Ma.

Hari Priya dificilmente consegue conter as lágrimas, ao se lembrar do seu primeiro encontro com Ma. Ma entrou no quarto trazendo uma flor.

— Comecei a chorar. Não conhecia os costumes indianos; não sabia o que fazer, como, por exemplo, me curvar, então eu a abracei.

Para a cultura hindu da época, um forasteiro, especialmente um pária ocidental, aproximar-se de um indiano ortodoxo e abraçá-lo era terrivelmente inadequado. Mas a Mãe compreendeu.

— Ela me perguntou meu nome e me deu a flor.

Providências foram tomadas, de modo que Hari Priya pudesse morar na vizinhança.

— Aquela primeira viagem foi nossa lua de mel. Durante suas *darshans*, eu me sentava a 30 centímetros de distância dela.

As viagens subsequentes nem sempre foram tão tranquilas.

— Às vezes, ela me ignorava, para anular meu ego. Eu era bastante orgulhosa. Ma o estava cortando pela raiz. Depois, fazendo algo especial, ela me preenchia novamente com sua alegria.

Hari Priya recorda com particular ternura a vez que a Mãe se sentou segurando-lhe as mãos e disse:

— Você percorreu todo esse caminho por amor a mim. Você sofreu demais por este corpo. Esta é sua grandeza.

Em outra ocasião, Ma perguntou a Hari Priya:

— O que você quer, o interior ou o exterior?

— Eu quero tudo! — exclamou Hari Priya.

E ela nos explica:

— Ela transformava todas as situações em força espiritual, um céu. Na maioria das vezes, Ma ficava sentada em silêncio, mas também podia estar espirituosa e contar histórias maravilhosas. Seu fascínio era envolvente. Ela podia estar contando uma história e inclinar-se para a frente e sussurrar, tornando-a muito íntima.

"Eu sentia que cada palavra que saía da sua boca era o nome do Deus. Vibrava com o poder espiritual. E eu nem sequer conhecia seu idioma! O tempo todo ela estava inteiramente concentrada em Deus. Sua risada era transcendental... podia penetrar no coração.

Hari Priya se lembra da vez que um devoto comentou com outro que Ma raramente tomava banho.

— Ela não precisava, seu corpo era puro! Tinha uma fragrância única, como o lótus, a banana e o sândalo.

No dia seguinte ao comentário do discípulo, Ma tomou trinta banhos. O devoto se absteria de fazer comentários semelhantes no futuro.

Hari Priya se lembra do terrível telefonema de uma condiscípula, em 1982, apenas nove dias antes de sua partida para a décima viagem à Índia.

— Ela não precisou me contar. Eu soube pelo tom da sua voz.

Hari Priya desligou o telefone e começou a soluçar. Mesmo assim, ela voltou à Índia e visitou os *ashrams* em Pune, Hardwar e Dehra Dun.

— A presença dela ainda era muito forte. Eu chorei, porque não conseguia vê-la. Era como ter uma mãe invisível.

Anandamayi Ma tinha entrado em uma outra parte do jardim. Carol Devi suspira:

— Não há um dia que eu não me lembre dela. Pergunte a qualquer devoto de Ma e ele lhe dirá a mesma coisa. O tigre o mantém no seu abraço!

Olho fixamente para a mansão branca, visível do nosso barco no Ganges. Grandes letras hindus proclamam que aquele é o *ashram* de Anandamayi Ma em Benares. Para meu imenso pesar, cheguei tarde demais para encontrar uma das maiores santas de todos os tempos. Já faz mais de uma década que o corpo físico de Anandamayi Ma partiu deste mundo (evidentemente, a própria Ma teria dito que não foi para lugar nenhum — que, como sempre, era a mesma), mas seu legado de amor e sabedoria permanecerá enquanto a humanidade tratar com carinho esse número reduzido de seres extraordinários que chamamos de santos, aqueles que enunciam um estado do ser tão abrangente e bem-aventurado quanto o próprio universo, além das limitações da nossa consciência comum.

Anandi Ma: Despertando a Kundalini

EM CIRCUNSTÂNCIAS MUITO INCOMUNS, Anandi Ma conheceu seu guru, Dhyanyogi Madhusudandas, quando tinha 14 anos. Era o último dia do Nava Ratri, um festival de dez dias devotado à Mãe Divina, e o sacerdote da família pediu que Anandi Ma repetisse alguns mantras para a Deusa. Quando pronunciou as palavras, Anandi Ma entrou num estado de meditação tão profundo que ninguém conseguiu despertá-la. Em determinado momento, ela se debruçou; a cabeça pousou na pira em que o ritual estava sendo realizado, mas ela não se queimou. O pai, surpreso e alarmado, correu até Dhyanyogi, esperando que o sábio ajudasse a menina a recobrar os sentidos. Uma testemunha ocular contou que, no momento em que viu Anandi Ma, Dhyanyogi exclamou:

— Por alguém assim que eu estava esperando!

E, gentilmente, trouxe-a de volta à consciência.

Dhyanyogi explicou que a jovem Anandi Ma já era muito evoluída espiritualmente e que, se os seus pais permitissem que ela ficasse com ele, poderia ajudá-la a controlar as energias divinas que pulsavam nela e orientá-la para trabalhar em prol da humanidade. Com as bênçãos da família, Anandi Ma partiu imediatamente para o *ashram* dele em Gujarat, onde, durante três anos, permaneceu quase constantemente em elevados estados meditativos. O mestre de meditação, que durante décadas trabalhou ajudando pessoas a elevar a energia espiritual, lutava para ajudar Anandi Ma a diminuir a sua, de modo que pudesse funcionar no mundo. O respeito de Dhyanyogi pelo poder espiritual dela era tão grande que ele a instruiu na iniciação de discípulos quando ela ainda estava na adolescência.

A própria história de Dhyanyogi é também extraordinária. Com a venerável idade de 7 anos, ele saiu de casa, optando pela vida de monge errante. Após três décadas de uma prática fragmentada, ele encontrou um adepto que o iniciou no procedimento da Kundalini Maha Yoga. Esse procedimento remonta a Rama, o vituoso rei-guerreiro de Ayodhya. Rama iniciou a esposa Sita, grã-mestra nessa tradição, que por sua vez transmitiu a linhagem para outras pessoas. Os aspectos fundamentais desse ioga envolvem acalmar a respiração e recitar os mantras sagrados da linhagem. Quando a mente do discípulo se torna completamente tranquila, o guru transmite *shaktipat,* uma transferência de consciência/energia que recria na alma receptiva do discípulo o próprio estado de compreensão espiritual do mestre. Pela prática contínua, os discípulos aprendem a se estabilizar nesse estado mais elevado de consciência, adquirindo finalmente a capacidade de induzir estados semelhantes em outras pessoas.

Amadurecendo rapidamente como um adepto, Dhyanyogi devotou sua vida a ensinar e a projetos humanitários. Ele também é extremamente respeitado na Índia pelos esforços para aliviar a fome e a sede, bem como por sua eminência espiritual e longevidade (atualmente, ele está entrando na sua 12ª década de vida).

Em 1976, então, a convite de devotos norte-americanos, Dhyanyogi começou a ensinar nos Estados Unidos. Com Anandi Ma (então chamada de Asha Ma) a seu lado, ele iniciou milhares de norte-americanos nos mistérios da *Kundalini*, a corrente de energia sutil que percorre a espinha dorsal no momento do despertar espiritual. Após estabelecer centros no Maine, em Connecticut e na Califórnia, ele retornou permanentemente à Índia, em 1980. Ao perceber, no entanto, que os norte-americanos precisavam continuar se beneficiando de seus ensinamentos, deixou Anandi Ma nos Estados Unidos para levar adiante sua obra.

A juventude (trinta e poucos anos), a constituição delicada e o comportamento tranquilo de Anandi Ma não correspondem ao seu desenvolvimento espiritual. A silenciosa presença numa sala pode facilmente passar despercebida até ela sorrir e a pessoa ver a profundidade da vivência espiritual refletida em seus grandes olhos castanhos. Dileepji, um tranquilo indiano que me oferece o *chai* (chá aromático indiano embebido no leite), durante minhas entrevistas com Anandi Ma, a acompanha sempre. Em 1980, Dhyanyogi recomendou a Anandi Ma que se casasse com Dileepji — que foi seu devoto por 17 anos — e que eles continuassem trabalhando juntos. Em todas as aparições públicas, Dileepji se senta ao lado de Anandi Ma; quando seu reticente inglês falha, ela fala em gujarati e Dileepji traduz. Hoje, quando faço perguntas a Anandi Ma, eles adotam o mesmo sistema — Anandi Ma responde sorridente no seu idioma nativo e Dileepji traduz, acrescentando, vez por outra, as próprias percepções.

— Será que você poderia nos contar como foi para você, uma criança, alcançar os estados mais elevados de consciência? — perguntei. — Sua família compreendia o que estava acontecendo? Como os seus familiares lidavam com isso?

Anandi Ma inclina a cabeça afirmativamente e fala com calma em gujarati.

— Uma das sensações mais fortes que ela teve desde criancinha foi se tornar um pássaro, voar para longe e não estar vinculada a nada — traduz Dileepji. — Essa era uma sensação muito, muito forte que ela tinha quase constantemente. Essa atitude a mantinha afastada das coisas rotineiras. Ela gostava de ficar sozinha e calada na maior parte do tempo. Por isso, não se saía bem na escola; não se concentrava nos estudos.

"O pai dela era bem instruído nos aspectos espirituais, e, de fato, dois meses antes de tudo isso começar, ele havia se encontrado com Dhyanyogi e recebido *shaktipat*. Portanto, ele possuía um entendimento do que estava acontecendo com ela quando começou a entrar em meditação e *samadhi*. Ele e toda a família davam muito apoio, mas não sabiam realmente lidar com isso e, então, chamaram Dhyanyogi.

Não pude deixar de pensar que se Anandi Ma tivesse nascido no Ocidente, teria sido levada correndo a um psiquiatra. Perguntei como Dhyanyogi começou a trabalhar com ela.

— Quando Dhyanyogi a conheceu, o fluxo de energia que passava por ela já era intenso. A *Kundalini* era muito ativa e a força do *prana* (energia vital) no alto da cabeça era muito forte. Ele disse que se aquilo continuasse, provavelmente o corpo dela não perduraria. Ela não funcionava no nosso nível, por isso, Dhyanyogi começou diminuindo a energia, gradualmente, para que ela a controlasse. Isso levou quase três anos; depois, ensinou-lhe mantras e determinadas técnicas de ioga.

— Em algum momento, quando mais jovem, Anandi Ma desconfiou que poderia se tornar uma mestra espiritual?

— Ela não tinha nenhuma inclinação para desempenhar esse papel, mas Dhyanyogi falou: "O recipiente está pronto." Os mestres da linhagem haviam lhe dito que ela era a pessoa que iria dar continuidade à obra dele. Não foi algo da sua própria vontade; foi Dhyanyogi que lhe pediu para continuar com o trabalho.

Imagino como deve ser receber treinamento de um famoso mestre de meditação. Perguntei como Dhyanyogi era com ela. Os olhos de Anandi Ma brilham.

— Quando ela saiu de casa pela primeira vez e foi para o *ashram* dele, a coisa que mais a comoveu foi como ele a recebeu. "Onde você esteve todos esses anos? Eu estava esperando por você!" E, depois, seu amor, seu carinho, sua simplicidade, sua doçura... O amor que ele transmitia era tão extraordinário e profundo que ela nunca havia sentido em ninguém. Quando ela olhava nos olhos dele, era como se fosse o infinito oceano. Ela sentia que poderia submergir.

"Durante os três anos em que esteve com Dhyanyogi, ela ficou comovida com a atenção que ele lhe dispensava, colocando todas as outras coisas de lado e trabalhando com ela dia e noite. Às vezes, ela ficava em meditação durante horas, e eram necessárias diversas horas para trazê-la de volta. Isso podia acontecer a qualquer momento, portanto foram muitas as noites nas quais ele não dormiu! O horário dele ficou totalmente descontrolado, mas ele nunca se aborreceu. Qualquer pessoa perderia a paciência! Ele estava sempre atento e cuidando de todas as coisas, das mais simples às mais complexas. Ele foi pai e mãe para ela — fazia tudo por ela.

— Você entrava em estados mais elevados de consciência. Como eram esses estados? Todos dizem que esta é uma pergunta sem resposta, porque não existem palavras que descrevam tais sensações. Mas quando você entrava nesses estados meditativos, ficava tão consciente quanto está agora? Havia felicidade ou era mais que isso? O que você vivenciava?

Por alguns minutos, Anandi Ma procura as palavras, depois fala hesitantemente em gujarati para Dileepji. Ele traduz:

— Ela diz que sua primeira experiência foi em casa. Eles têm uma estátua da Mãe Divina e ela estava entoando alguns *mantras*. Subitamente, da estátua da Mãe veio uma luz brilhante e estonteante como a de milhares de sóis e, então, a absorveu. Em seguida, ela perdeu a consciência. Depois disso, ela passou a ter experiências diferentes. Ela podia ver uma imagem do Senhor e fundir-se totalmente nela, e não se lembrar de nada depois. Às vezes, ela tem consciência da experiência depois de terminada, mas basicamente isso precisa ser vivenciado; não pode ser descrito. Está além das palavras, porque não é deste mundo nem deste nível de consciência. Os estados são tão extraordinários que ninguém deseja sair deles. Por isso é que Dhyanyogi geralmente precisava de algum tempo para despertá-la. A alma não quer sair desses estados.

— E, no entanto, aqui estão vocês. Estou muito interessada nessa energia com a qual vocês e Dhyanyogi estão trabalhando.

Kundalini é um assunto que fascina os estudantes ocidentais do ioga, mas acho difícil alguém realmente compreendê-lo. Eu tenho lido muitos livros sobre isso e, geralmente, fico mais confusa após terminar o livro do que estava antes de começar! Organizam muitos seminários sobre essa questão, mas nem sempre fico impressionada com as credenciais dos oradores. Acho que, finalmente, vou conseguir entender esse assunto tão difícil. Um amigo meu, que passou a juventude reunindo iniciações de vários mestres, afirmou que a transmissão *shaktipat* que recebeu de Anandi Ma foi, de longe, a mais potente e tangível de todas. Se ela é realmente uma mestra nessas energias sutis, talvez Anandi Ma possa explicá-las de uma forma que eu possa compreender.

— O que é realmente *Kundalini?* — arrisco-me.

Acrescento que, às vezes, as pessoas têm experiências estranhas ou poderosas, e, por isso, acham que a *Kundalini* se manifestou, mas eu não estou convencida de que isso seja verdade.

Anandi Ma sorri, os olhos escuros brilham, mas depois ela fica muito séria.

— A *Kundalini* é a parte da alma que surge primeiro e prepara o corpo antes que a alma possa realmente entrar nele. Depois que a criação do corpo físico está completa, ela fica adormecida na base da coluna. Os iogues utilizam essa mesma energia para alcançar novamente a alma e, depois, Deus.

"É descrita como serpentina por sua motilidade, como a energia se move. Consiste em três espirais e meia, que têm diversas interpretações. Dizem, por exemplo, que elas representam os três aspectos da criação: criação, preservação e destruição; também as três qualidades, *sattva, rajas* e *tamas*: pureza, atividade e inércia. Simbolizam também os três estados da consciência nos diferentes níveis que conhecemos como estado de vigília, de sono e de sonho. E, acima de tudo, são *sat, chit* e *ananda*, que chamamos de confiança, consciência e alegria. A meia espiral é o estado que cada um de nós deve alcançar, conhecido como *turiya*, totalmente além do nível comum de consciência.

"A *Kundalini* é a energia primordial, a *adi shakti* que, lenta e gradualmente, conduz a pessoa ao objetivo mais elevado. Como parte desse despertar, ela ocasiona, por assim dizer, alguma negatividade — parte do processo de limpeza. É isso que tem causado alguns equívocos, porque as pessoas não sabem lidar com a negatividade. Há também muitas interpretações incorretas, o que leva as pessoas a pensar, erroneamente, que tiveram um despertar da *Kundalini*. Nós vemos muitas pessoas assim. Fica claro como o dia e a noite quando a *Kundalini* foi despertada ou quando é alguma outra coisa. Nos Estados Unidos, infelizmente, por causa da formação cultural, há confusão, e a mente, frequentemente não está propensa a aceitar (a experiência da *Kundalini*). Nos Estados Unidos, as pessoas não ouvem falar de *Kundalini* e, por isso, acreditam que há algo errado com elas. Esse é o problema.

"Você deve conhecer os movimentos físicos (involuntários) chamados *kriyas*, que são possíveis com a *Kundalini* e que fazem parte da limpeza. Às vezes, há danos, e surgem os efeitos emocionais. Frequentemente, depois que a *Kundalini* é despertada, aparecem sentimentos de raiva e medo, mas são fenômenos efêmeros. Faz parte do processo de limpeza; os *samskaras* (tendências e desejos inconscientes) precisam ser liberados, para que a mente fique clara, de modo que a pessoa possa evoluir.

"As experiências são diferentes de pessoa para pessoa, porque cada passado é único. Apesar de tudo isso, em algum lugar, há uma tênue sensação de paz e felicidade. Se a pessoa conseguir absorver essa sensação e trabalhar para aumentá-la, a felicidade vai crescer até a pessoa atingir o estágio final, daí, então, ela se torna uma parte permanente do seu ser. Esse estado interior de paz e felicidade é idêntico para todas as pessoas.

Anandi Ma suspira e depois continua:

— Infelizmente, aqui nos Estados Unidos, há muitas pessoas que fazem seminários e palestras sobre a _Kundalini_. Na Índia, você só se torna um mestre quando seus mestres lhe pedem que assuma esse encargo. Há pouquíssimas pessoas que realmente ensinam. Elas têm anos e anos de práticas e experiências. Então, e só então, vão se aventurar a ensinar. Ensinar é a última coisa que lhes passa pela cabeça. Você precisa ser um especialista na sua área. Somente ler umas poucas coisas não o torna hábil nesse assunto. Além de anos de prática e experiência, a pessoa precisa da concessão do mestre e também da concessão da linhagem. Essa é a energia que vem sendo propagada há séculos, há milênios, uma acumulação de centenas de milhares de anos de prática. Quando ela é transmitida, isso faz diferença.

"Há séculos já estava escrito nos livros sagrados que, nesta época em especial [Kali Yuga, a Idade das Trevas], os cegos estariam na liderança, conduzindo pessoas surdas que não queriam ouvir de modo algum. Portanto, é uma péssima combinação. De qualquer maneira, é bom que se esteja falando sobre a _Kundalini_ e fazendo referência a ela, mas, às vezes, o conhecimento parcial é prejudicial, porque induz as pessoas à deturpação, causando mais problemas.

"Não importa o que a pessoa esteja fazendo; se há alguma evolução espiritual, é a _Kundalini_ que está trabalhando no interior da pessoa. É essa energia que o ajuda a cumprir as diversas experiências necessárias para a evolução individual e que, finalmente, o leva à compreensão, face a face com a realidade. Em outras palavras, a *Kundalini* é como os raios do sol. Se você quer alcançar o sol, tem de seguir seus raios até encontrar sua fonte. Essa é a unidade de Shiva e Shakti, surgindo e fundindo-se na sublime *Sadashiva* (a realidade suprema).

Um devoto de Anandi Ma me disse que um dos motivos que os atraíram — ele e a esposa — a ela foi o fato de Anandi Ma e Dileepji serem um casal. Muitos mestres indianos nos Estados Unidos são, ou alegam ser, celibatários. Eu fico impressionada de ver como Anandi Ma e o marido funcionam como uma unidade. Pergunto se eles poderiam dizer alguma coisa sobre sua vida em comum.

— Existe uma crença de que, para evoluir espiritualmente, a pessoa precisa ser um *sannyasi* (renunciante) e de que um iogue deve ser um celibatário — respondem Anandi Ma e Dileepji numa combinação de idiomas. — Mas, se você procurar na história espiritual indiana, verá que a maioria dos grandes *rishis* (videntes) foi chefe de família, era casada. As cônjuges podem não ter estado em primeiro plano, mas muitas mulheres foram, elas próprias, grandes iogues e apoiavam seus companheiros para que alcançassem aquele nível. Dhyanyogi sempre enfatiza que você pode viver no mundo, desempenhar suas tarefas normais e, ainda assim, evoluir espiritualmente. Para que uma carroça ande para a frente, você precisa de duas rodas. Há mais apoio na vida familiar. Esse é o nível natural de Shiva e Shakti; a união começa exatamente ali, no próprio Ser Divino. O casamento não é apenas para a vida física, serve também de apoio espiritual. Isso faz uma grande diferença.

"Dhyanyogi sempre diz que *sannyas* (renúncia) não é algo externo, mas sim um estado interno da mente. Quando você está isolado de tudo, é a isso que *sannyas* se refere. Anandi Ma queria *sannyas*, mas ele lhe disse: "Não, não, você vive no mundo e deve prosseguir. Você já é uma *sannyasi*."

"O verdadeiro sentido de isolamento precisa vir da mente, não apenas do comportamento externo. Você pode desistir de tudo e ir para uma floresta meditar, mas se a mente continuar na cidade, de que servirá? Se você vive com comedimento moral, pode participar do mundo e também evoluir espiritualmente. Permaneça no mundo. Mantenha o equilíbrio.

"A outra razão de Dhyanyogi ter pedido que nos casássemos é que ela ainda entra em estados profundos de meditação. Alguém precisa despertá-la com técnicas específicas, e eu estou com Dhyanyogi há 30 anos, portanto conheço bem todas elas. Anandi Ma, ocasionalmente, volta àqueles estados, e são necessários muito tempo e muita energia para despertá-la. Ela não pode ser deixada sozinha durante um longo período. Na verdade, ela pode entrar em meditação durante o sono, portanto, todas as manhãs, ela pode não ser capaz de acordar por si mesma. Precisa ser acordada com técnicas específicas. Só nos últimos anos é que ela começou a acordar sozinha, mas, ainda assim, há dias em que ela não consegue despertar. Por isso, alguém precisa estar com ela.

Observar Anandi Ma e Dileepji falando juntos é surpreendente: é como se eles fossem um único ser simbiótico.

— Sei que, na tradição indiana — observo —, o marido e a esposa são considerados um único ser, quase que literalmente, tanto que o marido só pode realizar determinados rituais se a esposa estiver presente. Eu não quero idealizar demais as coisas, mas parece que vocês dois se aproximam dessa unidade. Vocês passam a impressão de que conhecem os pensamentos um do outro.

Os dois trocam um olhar aturdido que parece dizer que ainda não tinham percebido esse tipo de harmonia que estou descrevendo. Dileepji responde:

— As pessoas se casam por diferentes razões. Para ter filhos, por exemplo. E por que não? Isso é ótimo. Mas quando o objetivo do casamento é a evolução espiritual, então, a energia funciona num nível muito diferente. Constantemente, nós temos de pensar mais nas outras pessoas do que em nós mesmos.

Eu tenho ido a muitas apresentações de Anandi Ma, e um assunto que sempre ouço ser discutido enquanto as pessoas deixam o salão é se não estariam sendo desleais com seus gurus se seguissem Anandi Ma e fossem iniciadas na Kundalini Maha Yoga. A maioria dos norte-americanos interessada em ioga já foi iniciada em alguma tradição.

— Mudar de guru é prejudicial? — pergunto. — Devemos persistir somente nas práticas de uma única linhagem ou podemos incorporar algumas das técnicas que você está ensinando à prática atual?

— Na verdade, essa é uma das coisas decepcionantes do nosso trabalho nos Estados Unidos — respondem eles. — As pessoas tendem a, como vocês dizem, ir a um guru esperando que, indo de um mestre a outro, apreendam um pouco de cada um. Até certo ponto, isso é bom. É perfeitamente válido, desde que não contribua para confundir o indivíduo. Nós sempre recomendamos que a pessoa se atenha a um único caminho e a um único mestre como seu caminho principal e, depois, procure outros mestres e aprenda tudo o que puder que ajude sua prática central, de modo que possa evoluir. Mas o que as pessoas tendem a fazer é exatamente o contrário. Elas dizem: "Vamos até aquele *ashram*, vamos vê-la", e se no fim de semana seguinte alguma outra pessoa estiver na cidade, lá vão elas. Assim, elas não se beneficiam, porque praticam superficialmente. Se você está satisfeito com o caminho, com o mestre e com a prática, não há necessidade de procurar outra coisa, deve persistir naquilo. Se a sua intenção é de *satsang* (confraternização espiritual), aí, sim, você deve procurar uma outra pessoa. Se alguma coisa influir para o bom desempenho de suas práticas, ótimo.

"A questão fundamental é que há muitas pessoas praticando várias técnicas, e se a *Kundalini* ainda não foi despertada, em algum momento, consciente ou inconscientemente, isso tem de acontecer. Dhyanyogi sempre permitiu que a pessoa recebesse *shaktipat* para despertar a *Kundalini*. Se ela pratica ou não, não importa. Em algum momento, ela vai se beneficiar, porque o princípio da Kundalini Maha Yoga é que a própria *Kundalini* move você para mais perto do objetivo. Não importa o que a pessoa faça, a energia vai funcionar. Ele é assim com todos: com quem fica e quem vai. Se você quiser receber *shaktipat*, ele transmitirá a energia. Algumas pessoas ficam por aqui alguns meses ou anos; outras, depois do *shaktipat*, nós nunca mais vemos, vão embora para sempre. Mas, num nível sutil, a energia ainda vai orientá-las e ajudá-las.

"O princípio da Kundalini Maha Yoga é que, depois que a energia é despertada por meio do *shaktipat*, ela permanece ativa pelo período de três vidas. Dentro desse período, com certeza, ela levará a pessoa ao objetivo, por bem ou por mal, como nós dizemos. É por essa razão que vemos algumas pessoas passarem por grandes catástrofes na vida, como grandes acidentes ou a perda de alguém a quem eram muito apegadas. Muitas vezes, isso é a *Kundalini* ocasionando um rude golpe que, por assim dizer, tira a pessoa do seu sono: "Ei! Já é hora de acordar e começar a se movimentar."

"A Kundalini Maha Yoga enfatiza muito a importância do guru como transmissor da energia espiritual. Contudo, nos últimos anos, muitos ocidentais têm tido experiências amargas com gurus indianos, e o conceito sobre a pessoa se prostrar irracionalmente aos pés do guru tem sido amplamente depreciado.

Pergunto a Anandi Ma qual deve ser o compromisso de um discípulo sincero com um guru e qual é a responsabilidade do guru com o discípulo.

— A função principal do guru — explica ela — é levar o discípulo ao objetivo final, não importa quanto isso lhe custe. Cabe a ele a responsabilidade de ajudar a pessoa a ir em frente, de remover as dificuldades e de oferecer qualquer tipo de auxílio que a pessoa necessitar no processo de evolução espiritual. Até no nível da rotina diária o guru tem de ajudar a pessoa a evoluir, mesmo que, como dizem os livros sagrados, seja necessário desistir da própria vida para ajudar a pessoa a atingir o objetivo. Não há nenhuma outra expectativa ou condição vinculada.

Dileepji acrescenta:

— Foi assim com Dhyanyogi e Anandi Ma. Frequentemente, quando ela estava sofrendo e chorando, Dhyanyogi derramava lágrimas. Isso era a inter-relação do sofrimento do guru com o sofrimento da discípula. Apesar de tudo o que fez por ela, ele nunca esperou nada de volta, exceto que ela evoluísse e alcançasse seu objetivo. Isso é conhecido como *satguru*, o mestre que pode levar você ao objetivo final. Há

níveis diferentes de gurus. Alguém que ensina Hatha Yoga
também é um guru, mas isso não significa necessariamente
que ele vai levar você ao objetivo final. Ele coloca você na
estrada, quer dizer, inicia sua caminhada.

Anandi Ma diz algumas palavras em gujarati, e Dileepji
se vira para mim:

— Evidentemente, para o discípulo, a exigência é seguir
os ensinamentos com grande amor e devoção. É função e
dever do discípulo cuidar das necessidades físicas do mestre, das necessidades básicas, para que ele leve uma vida decente e confortável. É como uma relação pai-filho ou pai-
filha. Antigamente, o discípulo costumava ir morar com o
guru na casa dele, e a esposa do guru cuidava do discípulo
como se fosse seu próprio filho. Era completamente diferente. Agora os tempos são outros. Naquela época, os reis
sustentavam os gurus, porque eles eram as únicas escolas.
Agora as coisas mudaram muito.

"Os falsos mestres não são uma novidade. Isso vai continuar por muito tempo, não só na Índia mas em todos os
lugares do mundo. Infelizmente, em nome de alguma coisa
espiritual, algumas pessoas querem tirar vantagens. As pessoas precisam tomar cuidado com quem se envolvem e não
se atirar de cabeça nas coisas. Há um ditado que diz que,
antes de aceitar o mestre, você deve testá-lo mil vezes. Você
só deve aceitar realmente um mestre quando estiver convencido de que ele é sincero. Depois de aceitá-lo, não deverá
haver mais questionamentos. Então, você prossegue.

"Uma outra coisa para lembrar é que, embora o guru seja
falso, os ensinamentos que ele transmite, se vierem dos livros
sagrados, nunca serão falsos. Portanto, se num determinado momento você descobrir que está com um falso mestre,

abandone-o, mas prossiga nos ensinamentos. Muitas vezes, num nível sutil, você estava destinado a receber aqueles ensinamentos por intermédio daquela pessoa. Os ensinamentos estavam destinados a você, portanto, continue com eles, não importa como. Se você prosseguir nos ensinamentos, vai alcançar o objetivo. Não há dúvidas a esse respeito.

"No meu entender, há pessoas vindas da Índia que são um tanto evoluídas, mas que ainda não alcançaram o pleno objetivo. A cultura ocidental pode derrubar uma pessoa, se ela não for cautelosa, e, pelo que temos ouvido, isso tem acontecido. Está escrito nos livros sagrados que, mesmo depois de ter alcançado um objetivo mais elevado, a pessoa precisa ser muito cautelosa para não cair em níveis inferiores. Existem algumas pessoas que não vão se deixar enganar, porque entraram no processo de uma forma muito profunda e elaborada, mas, nos casos menos elaborados, as pessoas provavelmente vão cair.

"Está escrito nos livros sagrados que, nesses dias e nessa época, surgiriam falsos mestres. Eles iriam prosperar e teriam muitos seguidores. Os verdadeiros mestres iriam sofrer bastante. Isso faz parte da energia da época, portanto, nada pode ser feito.

— Vocês cresceram numa cultura incrivelmente espiritualizada — intervenho. — Lidando com os ocidentais, vocês estão trabalhando com um tipo muito diferente de discípulo. Quais os pontos positivos e o que vocês acham que precisamos trabalhar?

— Dhyanyogi soube que um outro santo (Upasani Baba), que não está mais no corpo, costumava dizer que muitas almas da Índia estavam nascendo no Ocidente. Por isso, num nível sutil, havia um indício de que, para aquelas almas evoluírem, os mestres também precisariam vir para cá. Foi isso que estimulou Dhyanyogi a vir para cá. Ele planejava ficar apenas seis meses, mas, depois de perceber a seriedade e o forte desejo de evoluir das pessoas, decidiu ficar mais tempo. Muitas pessoas disseram: "Você é necessário aqui no Ocidente, por que não fica mais tempo?" Na Índia, as pessoas não dão valor a essas coisas, e se compararmos com o Ocidente, a maioria é realmente sincera e faz coisas incríveis pelo seu crescimento. Dhyanyogi ficou comovido ao perceber que no Ocidente, já que a informação é escassa, as pessoas estavam muito ansiosas, e decidiu ficar mais tempo e ajudar.

Perguntei a Anandi Ma se achava alguma coisa particularmente frustrante em relação aos discípulos ocidentais.

— Nada é frustrante, por assim dizer, no nível espiritual, mas, em razão das diferenças culturais, muitas vezes os discípulos agem de um modo que dificulta o próprio crescimento. Isso, nós achamos frustrante. Não é culpa deles, são as *samskaras* (tendências inconscientes) que eles receberam na infância. Na Índia, mesmo hoje em dia, toda a cultura é baseada na espiritualidade, e isso faz diferença enquanto a criança está crescendo. No Ocidente, não vemos isso tão fortemente quanto na Índia. Portanto, se alguém quer evoluir, surge alguma coisa que o impede ou que exige muito mais energia para seguir adiante. Muitas vezes, nós queremos dar, mas a pessoa não quer receber. Se ela fosse um indiano, seria muito mais fácil.

Isso faz surgir um assunto sobre o qual eu e alguns dos meus amigos, estudantes ocidentais de ioga, temos discutido: se é ou não verdade que almas que passaram muitas vidas na Índia estão nascendo agora no Ocidente. Eu acho que, desde a infância, sinto-me atraída para a filosofia e para a prática hindus. Essa atração nem sempre se integra bem com minha visão cultural ocidental.

— Muitos de nós, estudantes de ioga, queremos ir para as florestas e realizar práticas espirituais, mas também queremos ser bem-sucedidos no trabalho, ganhar dinheiro e comprar uma linda casa. Achar o ponto de equilíbrio é difícil.

— Isso são *samskaras*. Quando crianças, ensinaram a vocês que ser bem-sucedido na vida significa ganhar dinheiro, comprar o melhor carro ou a melhor casa. Desde a infância, isso foi enraizado na mente de vocês e tornou-se uma *samskara* tão forte que para superá-la será necessário um grande esforço. Ao mesmo tempo, as *samskaras* das vidas passadas estão forçando vocês a evoluir espiritualmente e, por isso, sentem necessidade de ir para as florestas. Esse conflito permanece, mas também traz o melhor dos dois mundos. Trabalhem duro e ganhem dinheiro; não há nada de errado nisso. Contudo, aqui, vocês também têm todas as vantagens. Quando puderem, vão para os bosques e realizem as práticas — duas semanas, um mês ou o que for, serão pequenas férias. Neste país, vocês têm condições de fazer isso. Portanto, com as práticas rotineiras, estabeleçam um período a cada seis meses ou uma vez por ano ou o que for melhor para vocês, e retirem-se para praticar.

"A outra coisa é rezar a Deus para que Ele crie circunstâncias na vida de vocês que possibilitem a realização de práticas mais espirituais. Em algum momento, as preces serão atendidas. As coisas funcionarão com tanta facilidade que vocês serão capazes de ter uma vida boa, decente e confortável e, ao mesmo tempo, realizar suas práticas da melhor maneira possível. Nos Estados Unidos, nós começamos a fazer breves retiros, de quarta-feira a domingo, nos quais realizamos as práticas, cantamos e meditamos, e o mundo exterior fica esquecido. Mesmo sendo um curto período de tempo, ajuda.

— Parece que na tradição hindu há mais mestres do que mestras — digo, com um certo ar de provocação. — Recentemente, entretanto, há uma onda de grandes mulheres santas emergindo da Índia.

— As mestras sempre estiveram presentes, embora isso não seja do conhecimento da grande maioria. Acredito até que, nos dias de hoje, seja por meio do aspecto feminino que a energia espiritual mais trabalhe para o benefício da humanidade. No entanto, em última análise, o sexo do mestre não tem importância, porque, enquanto a mente lida com masculino e feminino, a consciência em si está além disso. Para a alma, não existe sexo.

— Como mulher e mestra, você teria alguma mensagem especial para as mulheres estudantes de ioga?

— Nós, mulheres, devemos nos concentrar na evolução espiritual e ser, de fato, mães para a sociedade. As mulheres possuem uma energia que precisa ser reconhecida e utilizada para o bem-estar do mundo. Elas devem começar pela família, tornando-a feliz e pacífica e, de modo gradual, ir trabalhando para que toda a nação seja feliz e pacífica. Se elas realmente reconhecerem a si próprias como mães, então poderão dar amor puro e incondicional para qualquer pessoa. Hoje, definitivamente, é disso que o mundo precisa.

"Temos de prestar muita atenção na educação das crianças, que deverá ser a mais espiritual e moral possível. Elas são as raízes do futuro.

Peço a Anandi Ma que sintetize os princípios básicos da sua linhagem.

— As pessoas têm de se conscientizar do seu objetivo na vida, que é entender e realizar sua verdadeira identidade — diz Anandi Ma. — Não importa qual o caminho escolhido, mas sim fazer alguma coisa pela própria evolução. Qualquer que seja a prática adotada, deverá ser realizada com fidelidade e regularidade. As pessoas têm de se lembrar que o caminho espiritual é a raiz da vida. Se você regar as raízes, a planta florescerá e dará frutos. Por outro lado, tentar fazer um milhão de coisas diferentes (ganhar dinheiro, comprar coisas e tudo mais) é regar as folhas, mas não as raízes. A planta não sobreviverá.

"Compreenda a si mesmo. Se você souber quem realmente é, então poderá dar amor incondicional. Quando isso começar a vicejar dentro de você e de outras pessoas, nós conseguiremos modificar todo o planeta. Essa energia afetará a família e, então, a sociedade, a nação, o mundo, mas não se esqueça de que as raízes são as práticas espirituais.

"Como disse Dhyanyogi, leve uma vida sem se aviltar e aos outros. Para Dhyanyogi, a Índia é *dharma bhumi*, o lar da religião, e os Estados Unidos é *karma bhumi*, a terra da ação. Quando ocorrer a união entre ação correta e *dharma*, então tudo será alcançado. Ele disse que esses dois países têm uma função importante no mundo, e é por essa razão que há mestres vindo para o Ocidente. Nos Estados Unidos, mais do que em qualquer outro país, há uma abertura maior para esses ensinamentos. No nível sutil, essa energia já está trabalhando, e quando se intensificar, as coisas vão melhorar.

— A Índia é muito diferente do que eu esperava — admito. — Parece que a imagem da Índia é muito distorcida na imprensa ocidental, por isso temos a impressão de que tudo é só pobreza e miséria. Mas é maravilhosa! Mesmo em Calcutá, muitas pessoas são mais ricas e felizes do que no Ocidente.

Anandi Ma ri:

— Isso é verdade. Na Índia, esse é o estado da mente, o maior contentamento. Muitas pessoas dormem na rua, mas dormem profundamente. Nos Estados Unidos, as pessoas têm camas fantásticas, mas precisam tomar pílulas para dormir. Na Índia, elas dormem na rua, mas estarão roncando. Há uma grande diferença entre os dois países.

— Todos os motoristas de táxi têm figuras de santos nos carros!

— É isso que eu quero dizer quando me refiro à cultura. Você sai do aeroporto e entra num táxi. Muito provavelmente, há um pequeno altar dentro do carro, o que você nunca vê no Ocidente. Quantos carros vocês têm? Na Índia, enquanto as crianças crescem, elas andam pelas ruas e há templos por todos os lados. Mesmo que você não queira prestar atenção neles, os sinos *arati* (vespertinos) tocam e, automaticamente, seu pensamento vai para lá. A mente está constantemente exposta a alguma coisa espiritual, o que não acontece com uma criança ocidental.

— Muitos dos devotos que encontrei em Bengala não praticam nenhum *sadhana* em especial, como meditar — comento —, mas é quase como se não precisassem, porque, para eles, a Mãe Divina está andando ali na rua. São tão íntimos da Mãe Divina! Se nós pudéssemos alcançar esse nível de devoção...

Anandi Ma sorri e termina a frase por mim:

— A batalha estaria ganha.

— Anandi Ma é como Sita, a esposa do avatar Rama, no Ramayana — comenta um discípulo, enquanto conversamos no centro de Anandi, em São Francisco. — Sita era muito delicada, muito calma e amorosa... a face tímida da Mãe Divina. Eu estava lá na primeira vez que Dhyanyogi fez Anandi Ma aparecer em público nos Estados Unidos. Ela era tão tímida que estava chorando. As lágrimas caíam sobre cada porção do *prasad* (alimento abençoado) que ela estava distribuindo. Peguei a maçã que ela me ofereceu e provei da bem-aventurança. Ela tem o *siddhi* (poder espiritual) da Maternidade.

— Eu estava determinado a ser um renunciante — ri Mark Newman, que pratica essa tradição desde 1980. — Dhyanyogi me apresentou à minha esposa Marsha.

Quando Dhyanyogi sugeriu que eles pensassem em casamento, Marsha perguntou com sinceridade:

— Mas isso é bom para o meu crescimento espiritual?

— Quando você se casar — assegurou-lhe Dhyanyogi — o seu crescimento será muito mais rápido.

Hoje, Marsha e Mark levaram a filha de 10 meses de idade para visitar Anandi Ma. Marsha diz:

— Eu achava que educação era a acadêmica. Agora, vejo-a como uma exposição a grandes seres.

Ron Rattner, um advogado iniciado por Dhyanyogi há 16 anos, resumiu o que Anandi Ma é para ele:

— Minha esperança é que tenhamos mais mestras. Nossa sociedade necessita disso. Precisamos entrar em contato com a Deusa interior. Anandi Ma está nos ensinando isso da melhor maneira possível — ela é um exemplo para todos nós.

Gurumayi Chidvilasananda:
Beleza e graça

U M LIVRO SAGRADO TÂNTRICO afirma que uma iniciação realizada por uma mulher é oito vezes mais eficaz do que uma executada por um homem. Mesmo sem saber se isso é real ou não, uma coisa é incontestável: a figura arquetípica da mãe/virgem/mestra exerce um incrível poder. Isso fica especialmente evidente nos centros mundiais de Siddha Yoga que Gurumayi Chidvilasananda dirige desde o passamento, em 1982, do swami Muktananda, o imensamente popular mestre de meditação.

— Quando Baba Muktananda morreu, eu fiquei despedaçado — recorda um devoto siddha. — Quem seria meu mestre? Pensei que era o fim de tudo. Como Malti (Gurumayi) poderia substituir Baba?

A Siddha Yoga é baseada na transmissão do poder espiritual pelo guru, e o guru havia partido.

— Conheci Malti quando ela viajava com Muktananda como tradutora de inglês — continua o devoto. — Ela era uma de nós: ia ao cinema, comia *pizza*. Era magricela e tímida. Como poderia ser mestra? Deixei de participar por vários meses. Quando voltei, fui vê-la, e assim que ela me tocou com suas penas de pavão olhei-a nos olhos e não pude acreditar! Não era mais ela. Não era Malti... era a líder. A mestra havia se revelado. Malti tinha se tornado Gurumayi, nossa Mãe.

Muktananda era um adepto ardoroso do *chit shakti*, o princípio feminino do universo, que ele descrevia como "a alma vibrando no coração. (Suas) manifestações — tanto o mundo quanto o Eu — são repletas de alegria e beleza". Ele era um dos poucos mestres indianos que concedia *sannyas* (votos monásticos) às mulheres, às quais reverenciava como personificações da Deusa. "Shakti", ele escreveu, "aparece como mulher... (Ela) assume o papel de filha, dona de casa, mãe, iogue, geradora". O desejo explicitamente declarado de Muktananda era que todas as mulheres do mundo pudessem "perceber a *shakti* resplandecendo no seu interior" e a grande glória de *shakti* como sua essência.

Muktananda reforçou suas bênçãos com ação, transmitindo sua linhagem e passando o controle dos mais de seiscentos centros de Siddha Yoga espalhados por 52 países à iogue Sri Malti Devi, uma jovem devota indiana cujo desenvolvimento ele havia orientado desde a infância. Malti raspou a cabeça, vestiu o manto ocre de renunciante e recebeu o nome monástico de Gurumayi Chidvilasananda ("repleta do guru, a alegre liberdade de ação da consciência"). Embora no início tenha dividido a liderança com o irmão, em 10 de novembro de 1986 Gurumayi, aos 27 anos de idade, foi formalmente empossada como a única dirigente do Siddha Yoga Dham.

A maioria dos estudantes dos centros siddha nunca se encontrou com Muktananda. Não foi o idoso mestre de ioga que os atraiu — cuja clássica autobiografia, *Play of Consciousness*, estimulou milhares de pessoas a se dedicarem à prática do ioga durante a década de 1970 —, mas sua jovem protegida, cuja beleza estonteante e humor apaziguador derreteram o coraçao de muitos céticos. Os ensinamentos de Gurumayi não enfatizam as obscuridades filosóficas do kashmir shaivismo (a herança espiritual de Muktananda), mas as disciplinas práticas da vida espiritual e a felicidade de amar e servir à humanidade.

— Nós não estamos tentando conquistar o mundo ou converter pessoas — explica Gurumayi. — Há somente uma coisa que queremos fazer: continuar disseminando esse amor o máximo possível. Deixem-nos espalhar essa coisa que é tão doce, tão compassiva e tão tangível, um amor que é puro e que pode nos levar aonde realmente queremos ir: ao coração, onde Deus reside.

Muitas vezes, no esforço de disseminar essa mensagem de amor, Gurumayi empreende um itinerário extenuante: as excursões mundiais incluem programas livres por toda a Ásia, Europa, Austrália e pelas Américas, com prolongados retiros em seus dois centros principais: South Fallsburg, Nova York, e Ganeshpuri, Índia. Ela se apresenta quase toda noite, uma programação que deixaria exausto o mais calejado músico de estrada, embora, a cada parada, ela se mostre descansada e animada, cantando e ensinando e, depois, sentando-se durante horas para receber os devotos que fazem fila para vê-la mais de perto.

As apresentações públicas constituem apenas uma parte da programação estafante; Gurumayi também faz questão de visitar os devotos em suas casas e em seus empregos. Durante uma visita ao norte da Califórnia, os devotos dos arredores de Bay Area, conhecida por sua grande concentração de estudantes de Siddha Yoga, foram solicitados a pendurar bandeiras brancas na frente de casa se desejassem que a mestra entrasse. Gurumayi andou a passos largos pelas ruas, entrando na casa de cada devoto para abençoar. Um carteiro, atordoado com a grande multidão bem-vestida correndo pela calçada, seguiu-a até um apartamento. Acabei rindo da fotografia do atônito carteiro sentado no meio de dezenas de devotos diante de uma das maiores mestras shaivites da Índia!

Onde quer que Gurumayi se apresente, as equipes preparatórias constituídas pelos devotos transformam os auditórios alugados em magníficos templos de meditação, cheios de flores e imagens dos grandes santos da linhagem shaivite. O ar crepita de expectativa, enquanto os "veteranos" e os "novatos" se congregam para encontrar a mulher que, de acordo com a literatura siddha, com "um olhar, uma palavra, um pensamento, um toque", pode transformar a vida deles. Tudo isso é um exagero ou será que Gurumayi pode realmente transmitir *shakti* — energia espiritual —, como os tantras declaram que alguns adeptos avançados podem fazer? Nessa noite, estou no *ashram* de Siddha Yoga de Oakland, Califórnia, para descobrir.

Embora eu tenha chegado com antecedência de uma hora e meia, a entrada não está de modo algum garantida: 1.200 corpos abarrotam o salão, e as pessoas são solicitadas a se sentar no chão, quase que no colo umas das outras, para que o espaço não seja desperdiçado com cadeiras. Mesmo com essas medidas draconianas, do lado de fora centenas de pessoas são mandadas embora; não há, literalmente, lugar para mais um único corpo.

Atravessar a entrada do *ashram* é como uma onda num oceano: simultaneamente, milhares de vozes estão entoando o mantra siddha *"Om namah Shivaya"* ("Eu louvo o Eu interior"), e a atmosfera é de celebração. Vestida com o manto laranja de um swami, Gurumayi entra na sala, e um devoto lhe entrega um instrumento de corda. Enquanto ela dedilha o *ektar* e se balança ritmicamente, a voz ressonante de contralto conduz o canto para um crescendo. Alguns devotos balançam recatadamente os braços no ar, como se fossem antenas absorvendo diretamente a energia que acreditam estar emanando da líder. A música pára, e Gurumayi junta as palmas das mãos diante do coração, enquanto cumprimenta a plateia:

— Com grande respeito e amor, eu recebo todos vocês de todo o meu coração.

Gurumayi começa a ensinar no estilo lúcido que lhe é característico:

— A razão de estarmos aqui não é nosso conhecimento da Verdade e de Deus, viemos aqui para mergulhar no nosso interior. Para fortalecer esse estado interior é que nos reunimos aqui verão após verão. As palestras são dadas apenas para que vocês se interiorizem. Não importa o que aconteça, só existe um único objetivo: a experiência da devoção, a experiência do amor...

"Quando vocês realizam as práticas, há uma amplitude. Todo este universo é a pulsação de Deus. Ao praticar, vocês experimentam a dilatação, não a contração. O universo como um todo se amplia para vocês.

Gurumayi nos encoraja a abrir nosso coração pela prática indiana tradicional de entoar os nomes de Deus. Esse conselho me faz encolher. Quando criança, pediram-me para só fingir mexer os lábios, porque minha interpretação entusiasmada mas desafinada da música estava estragando a experiência das outras pessoas. Há 15 anos não canto em voz alta em público. Como se tivesse lido meu pensamento, Gurumayi conta que, certa vez, enquanto um pequeno grupo estava cantando diante do seu guru, Baba Muktananda, uma determinada devota estava fora do tom. Gurumayi, que é uma cantora sublime, começou a cantar mais alto, tentando encobrir a cacofonia. Observando que Muktananda estava carrancudo, ela desejou que a mulher desafinada se calasse.

Após o programa, Muktananda perguntou:

— Por que você cantou mal hoje?

Gurumayi ficou surpresa, porque, tecnicamente, seu desempenho fora perfeito. Apontando para a mulher que não conseguira sustentar o tom, ele prosseguiu:

— Por que você não cantou como ela?

Chocada, Gurumayi compreendeu que o guru estava mais impressionado com a entrega sincera da outra mulher do que com sua atuação musical. Rindo com essa lembrança, Gurumayi nos assegura que a Pessoa para a Qual nós estamos cantando está ouvindo não as notas vindas da boca, mas do coração.

O salão é escurecido, e um harmônio começa a tocar. Gurumayi inicia o canto:

— *Kali Durge namo namah!* ("Curvo-me diante da Deusa Suprema!")

Faço uma tentativa de acompanhar. Observo, no entanto, com alguma satisfação, que algumas mulheres sentadas perto de mim estão, como eu, apenas tentando seguir a melodia.

E, então, o canto me envolve. Não está vindo da boca, mas do fundo do meu ser.

— *Kali Durge! Kali Durge!*

De repente, como milhares de outras vozes nesse salão escuro, estou cantando perfeitamente — e a plenos pulmões. Sou uma onda num oceano de mantras, enquanto repetidamente dizemos em voz alta o nome da Mãe Divina. É arrebatador: estou aqui cantando, cheia de alegria, e, depois, vou embora. Tudo o que permanece é o Observador Interior saboreando o *nada*, a vibração, do nome da Deusa.

Subitamente, Gurumayi encerra o canto e nós ficamos mergulhados num silêncio tão profundo que nem mesmo o pensamento o perturba. A experiência é impressionante. Talvez seja a esse cristalino estado de lúcida serenidade que os devotos siddhas se referem, quando pedem a seus mestres que lhes possibilitem um vislumbre do Eu interior.

Existem diversos líderes carismáticos que levam suas plateias a um estado de fervor. É raro um que conduza os ouvintes a esse estado de perfeito silêncio.

Os devotos de Gurumayi dizem que ela é *siddha*, uma mestra iluminada. Para mim, ela parece ter o *siddhi* (poder oculto) de criar *Svarga* — o céu na Terra — onde quer que vá. Em 1987, Guramayi recebeu a chave da cidade de Oakland, testemunho do agradecimento dos funcionários municipais pelo impacto da liderança siddha sobre a alta taxa de criminalidade, que diminuiu drasticamente nos arredores do local onde está estabelecido o *ashram* siddha da Califórnia. Os devotos restauraram a área, reconstruindo e abrindo negócios como o Amrit, o restaurante vegetariano siddha.

O *ashram* de Gurumayi em Ganeshpuri é um oásis tão extraordinário que quando você entra no jardim, vindo da sufocante planície indiana, sente a temperatura cair diversos graus; é como se alguém tivesse ligado um ar-condicionado. De fato, sob a orientação de Gurumayi, os devotos plantaram, no solo ressecado de Maharashthan, uma verdadeira floresta tropical de lindas plantas, o que realmente altera o clima. Os templos, os auditórios e a estatuária são opulentos até mesmo para os padrões norte-americanos, e são imaculadamente mantidos. O cenário é tão pródigo que é quase sobrenatural.

O *ashram* de South Fallsburg, no estado de Nova York, é igualmente deslumbrante. Reconstituição do antigo e luxuoso local de veraneio Catskill Mountain, inclui um auditório com poltronas acolchoadas estofadas de azul e candelabros cintilantes. Ao caminhar pela propriedade com devotos em ternos caros e elegantes e vestidos semilongos, começo a me sentir constrangida. Será que estou elegante? Será que alguém percebeu que não corto o cabelo já faz algum tempo? Ao observar, na parede do auditório, as fotografias em tamanho natural dos mestres siddhas, que parecem não ter possuído nada mais do que as tangas que estão usando, fico me perguntando em voz alta se Gurumayi não estaria levando a Siddha Yoga em uma direção que os próprios *siddhas* desconheceriam.

— Yuppie Yoga? — diz minha guia, rindo. Depois, ela se torna bastante séria. — Aqui, há muitas pessoas que, até encontrar Gurumayi, nunca se sentiram atraídas pela vida espiritual. Ela criou uma atmosfera na qual essas pessoas se sentem confortáveis — limpa, bonita e, em certos aspectos, muito ocidental. Aqui, elas se sentem à vontade; são respeitosas com todos. Ao conhecer esse *ashram*, elas desejam limpar e embelezar a própria vida.

Ocorre-me que muitos de nós, estudantes de ioga, são filhos de Saraswati, a Deusa da sabedoria, mas há também os filhos de Lakshmi, a Deusa da prosperidade. Quase todos os *ashrams* que tenho visitado nos Estados Unidos estão lutando, mês após mês, por sua sobrevivência financeira. Nos centros siddhas, entretanto, as ricas celebridades contribuem com 1 milhão de dólares em donativos. Gurumayi reverencia a beleza e a riqueza, e as pessoas a seguem aonde quer que vá.

A maioria dos estudantes ocidentais de ioga é orientada para as tradições ascéticas do ioga, e pode não estar consciente de que existem outros tipos. Certa vez, quando estava pesquisando sobre as Dasha Mahavidyas (as dez maiores escolas de adoração à Deusa na Índia), eu deixei escapar impensadamente um comentário pejorativo sobre a soma de dinheiro que devia ser necessária para lustrar um templo especialmente adornado. O sacerdote brâmane imediatamente me fez cair do cavalo:

— A Deusa é beleza e riqueza — disse ele. — A prosperidade é uma dádiva da Mãe. Devemos ser agradecidos. Quando construímos um templo bonito, nós a louvamos. Quando nos fazemos bonitos, estamos demonstrando nosso respeito por ela.

"Tudo o que a Mãe criou é bonito. Devemos seguir seu exemplo e tornar tudo ao nosso redor bonito. A beleza eleva a mente; nos dá um vislumbre da verdade. Na Índia, temos um ditado: *'Satyam shivam sundaram.'* Significa que Deus é a verdade e que a verdade é Deus, e que Deus é a beleza e que a beleza é Deus. Deus, verdade e beleza são a mesma coisa. O nome mais honrado da Deusa é Maha Tripura Sundari. Significa "a Beleza Suprema em todos os Mundos". Quando você tem a beleza, não precisa nem mesmo do ioga e da meditação. A própria beleza o conduz ao ponto mais elevado. A beleza cria espontaneamente em você o estado de meditação. Consequentemente, nós adoramos a Mãe, embelezando o templo. Quando o templo é bonito, a Beleza

Suprema vem morar nele. Quando tornamos o coração bonito, ela vai morar lá.

Devidamente repreendida, decidi deixar o farisaísmo lá fora com o resto da poeira e da sujeira.

Aqui, contudo, a riqueza não garante prerrogativas especiais. A todos os residentes, de certa forma aleatoriamente, são designadas *sevas*, tarefas que vão desde cozinhar as suntuosas refeições vegetarianas até limpar os banheiros e cortar a grama. *Seva* é o grande nivelador dos devotos, independentemente de idade, etnicidade ou classe social, e determina se um pretendente a devoto vai permanecer ou não no *ashram*.

— *Seva* significa serviço generoso — explica um devoto. — É uma poderosa prática espiritual... tão poderosa quanto cantar e meditar. Durante a *seva*, você precisa aplicar a paz interior e o amor que experimentou na presença de Gurumayi. Precisa permanecer calmo quando lhe é designada uma tarefa que você detesta, como, por exemplo, lavar os pratos enquanto Gurumayi está gravando um programa. Você precisa entender que, para a mestra, esfregar os banheiros é um serviço exatamente igual a gravar um programa. Baba Muktananda sempre nos dizia para ver o divino em nós mesmos e no outro. Durante a *seva*, nós praticamos ver o divino em cada um, trabalhando juntos.

"Às vezes, as pessoas vão embora porque não conseguem suportar a *seva*. Elas querem estar com Gurumayi, mas não querem trabalhar. Mas se você não consegue trabalhar com uma atitude de amor e serventia, que tipo de pessoa espiritualizada é? O que você realmente aprendeu?

Gurumayi dá o exemplo: o número de horas por semana que ela despende servindo os discípulos é assustador. Embora eu a observe passeando pelos jardins, aconselhando os visitantes e supervisionando os projetos de construção, fico espantada com o que vejo — ela parece descansada, como se ser a guia espiritual e o modelo definitivo para dezenas de milhares de devotos siddhas por todo o planeta fosse a coisa mais fácil e mais natural do mundo.

Uma pequena multidão cerca Gurumayi. A ansiedadade é perceptível no rosto das pessoas. Gurumayi se senta num banco, tão bonita, elegante e descontraída quanto uma flor primaveril, e casualmente começa a provocar uma adolescente que está sentada perto dela. Os residentes me asseguram que, embora a interação de Gurumayi com eles seja sempre de amor, nem sempre é fácil: as expectativas dela em relação ao desempenho dos discípulos siddhas são elevadas, e aqueles que não correspondem rapidamente são repreendidos.

— Gurumayi acredita na autodisciplina. Mesmo com o melhor guru do mundo, se você não tiver autodisciplina, não chegará a lugar algum. Quando ela nos vê falhando na disciplina, nos repreende. Isso pode ser doloroso, mas demonstra o quanto ela se preocupa. É assustador e surpreendente o fato de Gurumayi sempre saber como eu estou espiritual e emocionalmente, ainda que eu não tenha falado com ela há semanas.

As atividades da própria Gurumayi incluem grandes atos de caridade. Os necessitados da região de Ganeshpuri são alimentados e vestidos pela magnanimidade do *ashram*. Médicos voluntários do Ocidente saem por Maharashtra realizando exames gratuitos e distribuindo medicamentos, e cirurgia ocular para os que sofrem de catarata. A Siddha Yoga não está preocupada com o acúmulo de riqueza, mas com sua distribuição.

Gurumayi, que de certa forma talvez seja, das mulheres santas indianas que tenho encontrado, a que demonstra maior compreensão dos valores ocidentais, é também uma ferrenha defensora dos aspectos mais elevados da sua cultura. Em seus *ashrams*, a música e a dança indianas tradicionais são fomentadas, e brâmanes vêm regularmente a South Fallsburg para conduzir *pujas*, os antigos ritos védicos. Nessa noite, eles estarão conduzindo uma cerimônia para celebrar o Nava Ratri, um festival em louvor à Deusa que dura dez dias. Depois de ter a oportunidade de visitar vários templos indianos, infelizmente devo informar que até mesmo em muitos dos locais mais sagrados da Índia os *pujas* são conduzidos de modo apático e negligente. Os sacerdotes estão, nitidamente, mais interessados nos donativos do que em criar uma atmosfera sagrada. Na presença de Gurumayi, entretanto, o *puja* se transforma em pura mágica: a pessoa é transportada para milhares de anos atrás, para uma era na qual os *devas* — os "seres luminosos" que habitam os céus — respondiam às invocações dos suplicantes e desciam para receber as oferendas de coco e arroz que os sacerdotes jogavam no fogo sagrado.

Mas, talvez essa era nunca tenha realmente terminado. Gurumayi se aproxima da pira, ergue um grande cântaro de bronze e derrama *ghee* (manteiga purificada) sobre as chamas, que saltam em direção aos dedos dela como se pedissem mais. Com a cabeça quase que totalmente raspada, com exceção de uma grossa madeixa de cabelo que parte da fontanela e vai até as costas, e vestidos apenas com um pano de algodão enrolado em torno da cintura, os brâmanes cantam mantras transmitidos desde épocas pré-históricas. Subitamente, as nuvens no céu, o vento nas árvores, o fogo crepitando à nossa frente, tudo parece assumir vida, e fico imaginando se os *devas* ainda estão entre nós. Eu não estou sendo poética: a sensação de que estamos rodeados por seres luminosos é positivamente incomum e se intensifica enquanto o ritual prossegue. Talvez seja a natureza onipresente do nosso ser luminoso.

A beleza extraordinária de Gurumayi chama a atenção aonde ela vai. O rosto e o porte são de uma modelo; nela, o manto simples cor de laranja de uma renunciante parece ter sido desenhado em Paris. É tão magra que eu me preocupo com sua saúde, embora sua energia pareça inesgotável. A graciosidade, a encantadora sagacidade e a respeitosa consideração de Gurumayi às necessidades de cada devoto expandiram a Siddha Yoga para além do que o próprio Muktananda alcançou. Os devotos a adoram — de fato, falo com uma meia dúzia deles, que estão obviamente enamorados: ela é o ideal espiritual e o amor inacessível e inviolável. Mas as mulheres também reagem à sua irresistível positividade. A sabedoria e o vigor de Gurumayi é o sonho de muitas delas.

Gurumayi teria uma mensagem especial para as mulheres?

— É exatamente o seu exemplo — explica Janet Dobrovolny, uma procuradora da Califórnia. — Eu fui educada para me dedicar a qualquer coisa que eu queira fazer. Muitas mulheres não foram. É um estímulo ver uma mulher com aquele nível de realização. Essa experiência me deu força para estabelecer meu escritório de advocacia. Ela sempre nos apoia — visitou meu escritório. Ela conseguiu das mulheres maior participação na administração do *ashram*. Vê-la nos dá, a nós mulheres, aquela porção extra de confiança, aquela porção extra de graça que algumas de nós necessitam, uma vez que a maioria de nós ainda tende a não estabelecer um objetivo tão elevado quanto o dos homens.

"É hora de trazer um equilíbrio maior para nossa vida espiritual — acrescenta ela —, trazer mais feminilidade. Gurumayi está facilitando esse processo em muitos níveis. Agora que Gurumayi tem estado por perto, mais mestras espirituais estão surgindo.

Por ser mulher, Gurumayi exerceria uma atração especial sobre as mulheres? Nos Estados Unidos, em quase todas as reuniões Siddha Yoga, o número de mulheres supera o de homens na proporção de 3 para 1.

— Na Índia, entretanto, o número de homens supera o de mulheres — comenta a swami Radhananda, uma outra mulher ordenada pelo swami Muktananda. — A grande admiração por Gurumayi não se baseia no fato de ser mulher, mas no fato de ser o que ela é: uma mestra espiritual cada vez melhor.

Dos poucos mestres populares indianos, Gurumayi é uma que assumiu uma posição contrária aos abusos sexuais contra as discípulas. A um swami altamente graduado, cujas aventuras sexuais estavam comprometendo a função de mestre, foi solicitado ser mais comedido. Esse episódio doloroso e embaraçante, além de refletir a coragem e a integridade pessoais de Gurumayi, assinala um senso mais nítido de responsabilidade nas ações de um mestre espiritual e talvez seja o precursor das reformas que serão instituídas quando mais e mais mulheres assumirem as funções de liderança.

Em Oakland, eu compareço a mais uma palestra de Gurumayi. Felizmente, o evento foi transferido do belo, mas limitado, *ashram* para o Paramount Theater, no coração da cidade. Mesmo nessa imensa arena, com seus múltiplos balcões, tive sorte de encontrar um dos últimos lugares vagos. O programa começa como um ponto de venda: os devotos sobem, um a um, no palco para dar testemunho dos efeitos transformadores da Siddha Yoga na vida deles, e os dirigentes do centro encorajam a plateia a se inscrever para fins de semana intensivos, durante os quais dizem que ocorrerá a verdadeira transmissão de *shaktipat*.

Mas, se não é *shaktipat* o que está ocorrendo exatamente agora, quando Gurumayi entra no palco, eu não sei de que outra coisa chamar. Amor, talvez. O imenso afeto da multidão por sua mestra se intensifica e Gurumayi ergue os braços, como se fosse fisicamente erguida por ela, e o reflete de volta.

Gurumayi não dá entrevistas; na verdade, sua vida pessoal, se é que ela tem uma, é cuidadosamente protegida para preservar o mistério da relação mestra-discípulo. Por isso, tenho minhas dúvidas e examino-lhe minuciosamente o rosto, buscando algum indício de arrogância ou de tédio. Mesmo correndo o risco de ser acusada de hagiógrafa, preciso informar que, honestamente, não consigo ver nenhum. Gurumayi ama genuinamente essas pessoas. Ela leva extraordinariamente a sério sua função de mentora espiritual. Não é para se engrandecer — e certamente não é por divertimento — que ela vai ficar sentada naquele palco, nas próximas oito horas, tentando inspirar os devotos a manter as práticas espirituais rudimentares, sobre as quais tantos de nós falam muito, mas poucos realmente executam, e, depois, escutando durante horas as esperanças e os medos dos devotos que vão se aproximar dela para *darshan*, o momento de falar com ela ou simplesmente aceitar a bênção que ela graciosamente concede com o toque do bastão de penas de pavão. Ela está aqui para servi-los.

Gurumayi tem um tranquilo método de dar palestras que cria a poderosa ilusão de que está falando para mim em particular. Ela parece psicologicamente incapaz de dar uma palestra insípida; os discursos são entremeados de um humor simples que vai desarmando o ouvinte até atingir seu objetivo, com frequência extremamente profundo.

— Em South Fallsburg, há um adestrador de cães — começa ela.

Então descreve o adestrador que trabalha com os filhotes de cães de guarda. Ele não gosta de ver os cães correndo livremente e ficando excitados. Isso os torna difíceis de disciplinar.

— Não deixe seu cão se desenvolver livremente... Depois, será tarde demais — cita Gurumayi, abrindo um outro de seus brilhantes sorrisos. — Sempre achei que este é um grande ensinamento.

O que devemos fazer quando nos "desenvolvemos livremente", agarrados aos nossos compromissos, afastando-nos, cada vez mais, do caminho?

— Não se preocupem em corrigir algo. Apenas recomecem de onde pararam. Não se preocupem com o objetivo, apenas prossigam. — A noite da Califórnia se transformou em pleno dia do Pacífico. — Não se preocupem em ganhar a dianteira; vocês já estão uma hora adiantados. — Todo mundo ri. — Na mente, sempre há um congestionamento. Mas junto a todos os pensamentos há alguma coisa serena. Pensem sobre isto.

"Poucas pessoas se lembram de que a vida é preciosa. Para iniciar a viagem ao seu universo interior, avaliem bem o momento à sua frente. Não importa quantas vezes vocês vacilaram nem quantas vão vacilar, avaliem repetidamente o momento.

Não sei se as pessoas têm conhecimento disso, mas Gurumayi está revelando as verdades do kashmir shaivismo. Essa escola tântrica, popularizada no século VIII d.C. pelo sábio Vasugupta, está descrita em textos incompreensíveis como os *Shiva Sutras* e *Spanda Karikas*. Durante séculos, os intelectuais lutaram para compreender esses livros sagrados, mas Gurumayi explica seus princípios tão claramente que até uma criança do ensino fundamental pode entender. Ela conta a história de um cachorro que entra numa sala de espelhos. Vendo-se cercado por outros cachorros, fica amedrontado e arreganha os dentes. Simultaneamente, mil cachorros arreganham os dentes. Apavorado, ele começa a latir. Mil cachorros começam a ladrar. Atacando o espelho, o cachorro é atacado por mil inimigos, e morre de medo.

Mais tarde, um sábio entra na mesma sala de espelhos. Para todos os lugares que olha, vê a si mesmo. Diante desse espetáculo de sua natureza onipresente, o sábio sorri e vai embora calmamente. Gurumayi explica:

— Todas as criaturas que vemos não são diferentes da consciência pura; são somente as imagens refletidas da consciência pura. São reflexos da realidade que reside no nosso interior. Uma mente pura é um espelho de Deus. Uma mente boa cria um grande universo!

Continuo me sentindo como se Gurumayi estivesse se dirigindo especificamente às minhas questões psicológicas, tal como o meu irritante criticismo.

— Os grandes seres não estão cegos aos defeitos das outras pessoas, nem se sentem oprimidos por eles. Eles veem a grandeza de suas almas. Trate as pessoas como se elas fossem o que deveriam ser... sem esperar uma comissão! Dê a elas o poder de ser o que elas têm a capacidade de ser. Então, seja a pessoa que você quer que os outros sejam.

Não sinto que Gurumayi esteja nos alimentando com "truísmos" já desgastados. Essas palavras, quando ela as pronuncia, carregam um incrível poder. É como se ela estivesse compartilhando os próprios segredos espirituais, os verdadeiros métodos que a transformaram de Malti, a que gostava de *pizza*, em *jagad guru* — uma mestra mundial.

Entretanto, do ponto de vista de Gurumayi, o poder transformador foi seu guru Muktananda. "Ó meu doce Muktananda! Estabelecido no meu interior, é você quem me faz dizer tudo isso", ela confessa em *Ashes at My Guru's Feet,* sua autobiografia espiritual. Para ela, ele não era o mero *sadhu* excêntrico com seu gorro de lã laranja. "Algum dia ele nasceu? Ou ele sempre existiu?" Ela o vê da mesma maneira que ele via o próprio mentor, o lendário Nityananda de Maharastha, como o *guru tattva,* o fiel depositário do poder de Deus. Como uma pequena ondulação sendo carregada para o mar por uma grande onda, o devoto siddha mergulha a mente no vasto oceano da consciência do guru que o carrega até Deus.

O tipo de entrega espiritual e psicológica que esse processo acarreta é o mesmo que o de uma forma de sacrifício pessoal. Evidentemente, esse é um caminho que muitos ocidentais se recusariam a seguir. No Ocidente, essa imagem de total entrega imediatamente nos faz lembrar de Jim Jones e David Koresh. Na falta de exemplos vivos como Anandamayi Ma ou Sarada Devi, achamos difícil acreditar que existam indivíduos puros o suficiente para aceitar a dádiva da nossa fé sem a intenção de se beneficiar dela. Mesmo na Índia, os pretendentes a discípulos são aconselhados a examinar bem de perto o guru em potencial, durante anos se necessário, antes de assumir esse tipo de compromisso.

Espalhados ao redor do planeta, centenas de milhares de devotos têm observado Gurumayi, e perceberam que ela é uma mestra de espiritualidade e padrões éticos excepcionais.

Eles devem se dedicar às práticas da Siddha Yoga, entoando o extenso *Guru Gita* toda manhã e evocando, constantemente, o mantra siddha *Om Namah Shivaya*. Não lhes é solicitado que renunciem ao mundo, mas, ao contrário, que vivam como se o mundo e todos os seus habitantes fossem uma fragrância de Deus. Gurumayi se esmera na explicação de que as bênçãos do guru que essas práticas evocam são, na realidade, a graça da própria natureza superior das pessoas. Ela e os outros mestres da linhagem siddha são símbolos humanos de um entendimento esclarecido que, em última análise, todas as pessoas terão de descobrir por si mesmas. O guru indica o caminho, orientando, inspirando e até mesmo administrando *shaktipat*, mas o sucesso só é garantido se o devoto aplicar aquele inevitável aspecto da graça: o esforço sincero.

De acordo com os livros sagrados tântricos, amar e servir a um autêntico guru cria gradualmente a comunicação telepática entre o discípulo e o mestre. Então, quando o discípulo alcança um ponto no qual os esforços adicionais são de pouca ajuda (um ponto claramente descrito na literatura ioga), ele se "entrega", e o *shakti*, o poder consciente do conhecimento do guru, carrega o devoto "para outra praia". O que a pessoa experimenta lá, diz o texto, as palavras não conseguem descrever. Entretanto, é importante escolher um autêntico guru, porque só alguém que está "lá" pode conduzi-lo até lá.

Eu não posso garantir que qualquer uma dessas coisas seja verdade. Só posso dizer que, ao observar a imersão de Gurumayi no *muktananda*, "a alegria da perfeita liberdade", e a grandeza e a serenidade extraordinárias que isso tem dado a ela, parece ser possível.

Ma Yoga Shakti: A iogue conscienciosa

N A PRIMEIRA VEZ QUE a vi, Ma Yoga Shakti estava tocando harmônio num templo hindu e cantando sinceramente para Shiva, o Deus da transformação universal que fica sentado em meditação no cume do monte Kailash, no Himalaia.

— Na infância, ensinaram-me a fazer orações para Shiva. Desde então, ele tem sido o meu Deus — explica ela, afastando o órgão portátil.

Sinto-me um pouco intimidada na presença de Ma: apesar de ser uma pequenina mulher de 65 anos, ela exala uma aura de comando semelhante a de um treinado sargento espiritual. O rosto irradia inteligência e lucidez, mas também uma profunda determinação que não tolera frivolidades.

Embora, agora, seja uma *sadhu* de manto laranja (swami errante), Ma Yoga Shakti viveu intensamente antes de fazer os votos formais de renúncia. Constituiu uma família, completou um mestrado em ciência política, lutou pelos direitos das mulheres na Índia e estabeleceu uma instituição para mulheres em Bihar. Hoje, é a diretora espiritual de *ashrams* em Bombaim, Nova Délhi, Calcutá e Madras, bem como em Nova York e na Flórida.

— Um *sadhu* só precisa de duas coisas: dois pedaços de pão e *satsang* — anuncia Ma Yoga Shakti, no início do *satsang* (confraternização espiritual).

Por um breve instante, todo o templo se ilumina quando ela sorri. Referindo-se ao fato de que alguns *sadhus* indianos usam *bhang* (haxixe) — na verdade, existem lendas de que o Senhor Shiva se deliciava com haxixe —, ela continua bruscamente:

— No meu *ashram,* Shiva não tem permissão de ter *bhang.* Às vezes, as pessoas se desculpam de fraquezas usando o nome de Deus.

Não tenho nenhuma dúvida de que, na presença de Ma, até mesmo Shiva hesitaria em fumar.

— Todo mundo quer se elevar — diz ela. — Este é um desejo que Deus coloca na mente de vocês, uma necessidade de esclarecimento. As almas querem crescer.

Ma inicia a história de Vindhyachal (a cadeia de montanhas Vindhya que separa o norte do sul da Índia), que tinha inveja do monte Himalaia, por ser tão alto. Então, Vindhyanchal cumpriu uma severa penitência para alcançar o poder de crescer extremamente rápido e, assim, elevava-se mais e mais a cada dia. Finalmente, os Deuses se deram conta de que as Vindhyas poderiam bloquear a luz do sol, pondo em perigo toda a vida na Terra e ficaram muito aborrecidos. Foram até Brahma, Vishnu e Shiva — os maiores Deuses hindus —, que admitiram sua impotência ante uma penitência tão extremada, e explicaram que somente um ser humano poderia impedir uma crise. Ma faz uma pausa para explicar:

— Deus enche a mente de vocês com inspiração, mas não corre atrás de vocês com um bastão. Os humanos devem dirigir os próprios interesses.

Então, os Deuses pediram ajuda ao idoso sábio Agastya.

— Agastya era um *rishi*, uma alma iluminada. *Hri* significa coração, e um *rishi* é uma pessoa cujo coração está repleto de luz. Os *rishis* vivem em *satya yuga* (a época de ouro na qual a verdade sempre prevalece).

Agastya concordou em ajudar. Atravessou o Trans-himalaia em um ano, o Himalaia em dois anos e, finalmente, chegou às montanhas Vindhya.

Então, Vindhyachal começou a se preocupar:

— Se eu não demonstrar respeito por esse grande vidente, ele poderá me amaldiçoar.

Portanto, a enorme cadeia de montanhas se abaixou, permitindo que Agastya a escalasse. Tendo alcançado o outro lado, o sábio abençoou a cadeia de montanhas por sua delicadeza.

— Quando você se humilha, recebe bênçãos — interrompe-se Ma, para comentar. — Respeite o conhecimento e você será feliz!

— Vindhyachal, será que dá para me fazer mais um pequeno favor? — perguntou Agastya, com inocência.

— Qualquer coisa! — respondeu prontamente a cadeia de montanhas.

— Por favor, permaneça baixa até que eu volte. Estou muito velho, e para mim será difícil escalar de volta se você ficar alta demais.

Vindhyachal concordou alegremente, mas, como todo mundo sabe, Agastya nunca retornou ao norte da Índia. Após todos esses milhares de anos, ele ainda mora no sul.

Evidentemente, é por essa razão que, até hoje, as montanhas Vindhya não são tão altas.

— Os Estados Unidos tem crescido como Vindhyachal — continua Ma Yoga Shakti, para os norte-americanos presentes. — Os deuses estão sobrecarregados de felicidade, como as crianças nos EUA. Quem tem tempo de usufruir todos os canais, toda a comida, toda a Coca-Cola? O país também precisa de uma lição de humildade para se tornar mais agradável. Como as Vindhyas, precisa aprender a se curvar em servidão.

Ma salientou que a Deusa ficou tão satisfeita com o comportamento de Vindhyachal que foi morar nas Vindhyas. Sorri, ao imaginar que talvez, um dia, ela estabelecesse um comércio nas montanhas!

— O Oriente e o Ocidente são como dois braços. Juntos, podem erguer o mundo. O Ocidente é voltado para a prosperidade material. O Oriente para o desenvolvimento interior do ser. Mas, agora, a ciência moderna está unindo os dois. Isto também é obra de Deus.

"O bem e o mal estão em todos os lugares. Foi dado a vocês o direito de escolher. O rei Parakshit queria destruir todo o mal, mas o mal falou: "Eu também sou filho de Deus." Aquelas coisas que parecem erradas não são o mal, elas têm o objetivo de promover o progresso. Todos os problemas são nossos tutores; eles aceleram nossos esforços para encontrar Deus. Se você acredita em Deus, nada é problema.

Ma está feliz com o que diz:

— Essas são histórias divinas... Poderíamos falar a noite toda. Você não precisa de vinho quando conta essas histórias, você se sente inebriado. Na Índia, ninguém se preocupa com tevê, as pessoas ficam felizes cantando e meditando. Vocês não podem comprar essa felicidade nas lojas. Cantando as glórias de Deus, vocês libertam o coração.

Ma Yoga Shakti se encontra comigo na casa de um devoto. Como uma *sannyasini*, uma monja hindu, ela não é proprietária de nenhuma casa, mas se locomove de lá pra cá continuamente — vai aos *ashrams*, aos templos onde é convidada a dar palestras e às casas dos devotos. Ela é difícil de entrevistar. Qualquer indiano sabe que é inadequado perguntar a uma *sannyasini* sobre sua vida pessoal. Quando uma hindu faz votos formais de renúncia, ela, literalmente, realiza o próprio funeral e assume um novo nome; duas fortes declarações simbólicas de que a antiga personalidade está morta e uma nova vida inteiramente dedicada à realização espiritual e ao serviço está começando. Ma se recusa terminantemente a falar sobre si mesma, mas eu insisto, convencendo-a finalmente de que a história da sua evolução pode beneficiar outras pessoas.

O interesse de Ma pela vida espiritual começou cedo. Ela aprendeu ioga exatamente como a maioria das mulheres na Índia: pela tradição oral, transmitida de uma geração de mulheres motivadas espiritualmente à seguinte.

— Aprendi tudo com minha avó. Ela era iletrada, mas nunca conheci alguém tão sábia quanto ela. Costumava se levantar às 3 horas da manhã e cantar. Ela estava sempre recitando o Bhagavad Gita, discutindo ayurveda e fazendo medicamentos. Ela comandava toda a família.

Ma imitava os *pujas* (rituais religiosos) que a avó realizava pontualmente diante do altar familiar.

— "O que é isso?, eu pensava. Por que preciso limpar esses utensílios (para o *puja*) toda manhã?" Mais tarde, porém, compreendi que era a mente que precisava ser limpa.

Aquilo era tudo o que Ma Yoga Shakti diria sobre si mesma. A conversa mudou para assuntos mais genéricos. Admiti que não tinha compreendido que os votos formais de renúncia estavam disponíveis para as mulheres hindus.

— Na Índia — explicou ela —, temos uma longa tradição de mulheres *sannyasinis* independentes. Elas sempre existiram.

Por toda a história, uma pequena porcentagem de mulheres se recusou a aceitar o papel designado às mulheres hindus tradicionais. Elas deixaram suas casas para sair em peregrinações, para se estabelecer em choupanas nas florestas ou em nichos nas montanhas, a fim de praticar ioga.

No Kumbha Mela de 1974, em Hardwar (um grande festival religioso hindu que teve a participação de mais de trinta milhões de peregrinos), Ma Yoga Shakti recebeu o título de Maha Mandaleshvar. Que eu saiba, nos tempos atuais, ela é a única mulher que recebeu esse título honorífico, que significa, literalmente, "Senhor da Grande Mandala", mas as suas conotações são muito complexas. Uma prática comum dos iogues indianos é reverenciar uma *mandala* ou *yantra*, um desenho geométrico no qual cada linha, ângulo, círculo e pétala representa uma Deusa em particular. Por sua vez, cada Deusa é o símbolo de um poder (ou qualidade) divino específico, como criação ou destruição, calor ou frio, amor ou sabedoria, ódio ou inveja. (Sim, na tradição indiana, as qualidades e emoções negativas também são vistas como partes do jogo divino.) Pela intensa concentração nas Deusas da *mandala* e da repetição dos mantras a elas associados, o adorador se une a elas e, finalmente, domina os poderes que representam. Consequentemente, chamar uma mulher de *mandaleshvar* é uma maneira poética de reconhecer que ela dominou a *mandala* de corpo e alma, que ela dominou a si mesma.

Ma Yoga Shakti é uma iogue avançada. No Ocidente, tendemos a pensar que uma iogue é uma mulher adepta das posturas *hatha*. Este, absolutamente, não é o significado do termo na Índia.

— A Hatha Yoga é apenas uma prática preliminar para manter o corpo saudável. Há quatro etapas do ioga. A primeira é a Karma Yoga; a segunda, Bhakti Yoga; a terceira, Raja Yoga; e a quarta é a Jnana Yoga. Não são caminhos diferentes, mas um único e mesmo caminho. Primeiro, você resolve os problemas cotidianos, Karma Yoga — sendo eficiente e perito no trabalho diário. *Bhakti* significa que você purifica as emoções, o coração, a mente. Então, você é uma boa pessoa para a família e também para a nação. Quando você ama a Deus, também ama Sua criação. A criação é uma manifestação da glória de Deus.

Na Raja Yoga, a pessoa se senta para meditar. Ma normalmente se senta durante cinco horas, mas o estado meditativo deverá persistir, estando a pessoa sentada ereta com os olhos fechados, ou trabalhando atarefadamente no mundo.

— Se a mente está sempre sob controle, a cada segundo, isto é chamado de *sahaja samadhi* — ensina Ma.

A Jnana Yoga, muitas vezes, é traduzida como o ioga do conhecimento. Ma rapidamente esclarece:

— A libertação não é intelectual. Você não consegue entender isso intelectualmente. O intelecto ajuda, mas também é uma barreira. A pessoa não é limitada por coisa alguma, a não ser pela própria mente. É a qualidade da mente que o faz se sentir preso ou liberado. O corpo, a mente e o espírito precisam estar em harmonia. O espírito deve se manifestar por sua inteligência, e a inteligência deve dirigir suas ações. Tudo é uma coisa só.

Os comentários de Ma me fazem lembrar da história de uma das mais famosas iogues da vasta literatura mística da Índia. A própria Ma Yoga Shakti narra o conto da rainha Lila em um dos livros sobre ioga que ela escreveu. Lila tinha sido muito feliz no casamento, e a morte súbita do marido mergulhou-a numa crise espiritual.

— O que é a morte? Meu marido ainda existe? Há alguma maneira de entrar em contato com ele?

Ela começou a meditar e, fortemente motivada pelo pesar, alcançou rapidamente o estado de concentração absoluta que é o objetivo do ioga.

Saraswati, a Deusa da Sabedoria e das Artes, ficou tão impressionada com a sinceridade e o rápido progresso de Lila na meditação, que revelou para a rainha a consciência do seu falecido marido — no seu estado de pós-morte, ele estava usufruindo um céu que ele mesmo havia criado, um novo reino opulento que o monarca acreditava estar dirigindo, concluindo com a própria versão imaginária de Lila! Depois, para que ficasse gravado em Lila como os mundos da vida e da morte são repletos de *maya*, Saraswati também lhe mostrou suas vidas passada e futura que, da perspectiva da Deusa, estavam ocorrendo simultaneamente! Por fim, Saraswati guiou Lila, através do vácuo inimaginavelmente vasto e gelado, até os mundos que circundam outras estrelas. Lá, Lila viu outras criaturas humanóides, bem como civilizações de entidades mais parecidas com o que poderíamos chamar de plantas no nosso próprio mundo, e seres tão estranhos que, diz o texto, "até mesmo os iogues não entendem o que eles são"!

Não consigo deixar de perguntar a Ma se a história de Lila é totalmente metafórica ou se as iogues avançadas são realmente capazes de se mover para outros mundos, por meio da mente universal, como Lila fez. Ma responde:

— Existe o tempo dentro do tempo, o espaço dentro do espaço, a mente dentro da mente. Há diferentes dimensões de vida. O corpo humano não está equipado para perceber todas as coisas. Lugares diferentes podem existir, afinal, os gatos não enxergam no escuro o que os olhos humanos não conseguem ver? Tudo no universo se relaciona. Cada um de nós é filho do infinito. De onde vêm os bebês? Para onde as pessoas vão (ao morrer)? Podem existir muitas dimensões da criação, e existem.

A Deusa ensinou a Lila que, em última análise, o mundo material não é mais real do que os mundos dos nossos sonhos; ambos são produtos da consciência. Embora Ma Yoga Shakti goste dessa história, o que ela ensina aos discípulos é muito mais prático:

— Você mesmo precisa planejar sua vida, ser responsável. É a sua vida. Você pode construí-la ou estragá-la. Para ser feliz, primeiro resolva os problemas pessoais. Depois, saia e ajude outras pessoas. Pessoas boas sempre são necessárias.

"O ioga é a melhor ferramenta para ajudar as pessoas. Pratique Karma Yoga, Bhakti Yoga, Raja Yoga e Jnana Yoga. Cada um de nós aproveita as facilidades da sociedade. Então, em troca, é nosso dever retribuir, deixar um mundo melhor para os que vão chegar. Eu como as mangas cultivadas por outras pessoas. Então, devo cultivar árvores frutíferas para que outros possam aproveitar.

"O mundo é uma família. Todos nós somos um só. Precisamos compartilhar tanto os sofrimentos quanto as alegrias. Somos responsáveis pelos sofrimentos e pelas alegrias do mundo. Sim, eu também sou responsável pelos sofrimentos. Consequentemente, faço mais orações, mais penitência. Que todos sejam felizes! Acredito que o mundo é a nossa família, o ioga é o nosso caminho, o conhecimento é o nosso alento e o serviço é a nossa devoção.

"Até mesmo uma pequena prática nos eleva. Não acho que tenho feito muito, mas só uma pequena prática tem me dado tanto que não consigo administrá-lo. O ioga é uma ciência secreta. Ele ilumina a mente e você não consegue acreditar no poder. Mas o uso incorreto pode estar lá. Portanto, pratique *satya*, seja sempre fiel à verdade. *Ahimsa*, nunca pense em ferir ninguém, nem mesmo seus inimigos.

"O primeiro mantra, mensagem e sábio ensinamento dos Vedas, é: "Aqui, todas as coisas estão impregnadas de energia divina. Deus está em todos os lugares, sob todas as formas. Nada é destituído de energia divina. Não renuncie a essa energia, aproveite-a sem ganância." Ali, só existe uma única condição: não ser ganancioso.

— Não é muita solidão uma mulher vagar sozinha pelo mundo, contando histórias divinas e tecendo elogios a Shiva? — pergunto.

Ma Yoga Shakti ri:

— Eu nunca me sinto só, em lugar nenhum. O mundo é minha comunidade.

Ocorre-me agora que, quando uma *sannyasini* se imola simbolicamente durante a cerimônia de renúncia, ela não está realmente perdendo nada. Ao contrário, ganha tudo. Quando Ma me diz: "Devemos ser amorosos e cuidadosos com cada uma e com todas as pessoas", sinto a força de suas palavras, porque ela cumpre o que diz. Talvez seja por isso que os indianos a chamam de Ma Yoga Shakti, "mãe da divina energia do ioga".

Quando deixo a presença de Ma, lembro-me de uma das minhas histórias favoritas sobre iogues. Na verdade, é um antigo mito da Deusa Parvati, "a filha da montanha", que explica por que a Deusa se estabeleceu nas montanhas Vindhya. Um demônio tinha adquirido o poder de derrotar todos os inimigos, exceto o filho de Shiva, o que o tornou invencível, já que Shiva, o iogue supremo, era um asceta e não tinha nenhuma intenção de ter filhos! O destino do universo corria perigo, uma vez que o avarento demônio havia devastado os mundos. Então, os Deuses decidiram enviar Parvati, a jovem Deusa mais voluptuosa que se possa imaginar, para seduzir Shiva e gerar um filho divino.

Parvati tentou todos os artifícios femininos que conhecia, mas nada conseguiu tirar Shiva de sua meditação. Finalmente, Kama, o Deus da Luxúria, atacou Shiva com uma poderosa flecha de flores. Um dos três olhos de Shiva se abriu em alvoroço. Parvati esperou que finalmente pudesse chamar a atenção do grande asceta — até que viu Shiva transformar Kama em cinzas com apenas um olhar! Imediatamente, o grande asceta retornou à sua meditação.

A essa altura Parvati enfrentou uma crise interior que a modificou para sempre. Viu que nunca poderia seduzir Shiva, embora não pudesse voltar para casa, já que havia desapontado os Deuses. Uma imensa sensação de desgosto com os assuntos da vida agitou-lhe o coração. Nesse momento, Parvati decidiu renunciar ao mundo. Viajou para a cadeia de montanhas Vindhya, cobriu-se com as cinzas emblemáticas de uma renunciante e sentou-se em meditação. Anos se passaram, mas Parvati não se moveu. Permanecia determinada a alcançar a libertação final.

Em profunda meditação, Shiva começou a sentir uma extraordinária *shakti*, a energia divina mais poderosa e mais sublime que qualquer outra coisa que ele já havia experimentado. Para seu espanto, percebeu que havia um crescente campo energético de consciência tão perfeito e amplo quanto o seu. Qual poderia ser a fonte? Ele abriu o terceiro olho e lá, em um pico distante, viu uma iogue sentada tão imóvel quanto as próprias montanhas, coberta de poeira e com a mente imersa no absoluto. Naquele instante, o grande renunciante e senhor de todos os iogues sentiu-se loucamente apaixonado.

De suas casas nos céus, os Deuses sorriram, prevendo a iminente união divina que poderia dar à luz um salvador. Salvando a si mesma, Parvati salvou o mundo. Dominando a si mesma, Parvati dominou *shiva*, uma palavra em sânscrito que significa "a suprema prosperidade". O próprio exemplo de Ma Yoga Shakti revela que, hoje em dia, as mulheres continuam fugindo das antigas restrições e das funções que a sociedade exige que elas desempenhem, mesmo quando podem desempenhá-las com sucesso. Elas estão direcionadas para uma causa mais elevada, o ápice de um novo entendimento, e para os braços do amor divino. Quando alcançam seus objetivos, elas trazem ao mundo uma nova força — a da vida verdadeiramente esclarecida. Penso em Ma passando os últimos anos de sua viagem absorta em Shiva e espero poder terminar a minha vida de modo tão auspicioso!

Ammachi:
No regaço da Mãe

— O AMOR TERRENO NÃO É constante. Seu ritmo oscila; vem e vai. O início é sempre lindo e entusiástico, mas lentamente se torna menos bonito e menos excitante. Na maioria dos casos, termina em aborrecimento, rancor e profundo sofrimento.

"O amor espiritual é diferente. O início é lindo e tranquilo. Depois, vem a agonia do desejo. Essa dor de amor vai prevalecer até que leve à unidade com o amado. Essa unidade no amor permanece para todo o sempre, sempre viva, tanto interior quanto exteriormente, e você vive nesse amor a cada instante. Ele vai devorá-lo completamente, até que não exista mais "você". Só exista o amor.

Ela sabe do que está falando. A oradora é Amritanandamayi Ma, uma pequenina e semiletrada indiana do sul, de uma pequena aldeia de pesca do mar Arábico. Cresceu em absoluta pobreza (até mesmo o sari que usava lhe tinha sido emprestado), vítima de anos de abuso físico e psicológico. Sudhamani ("Joia Pura", o nome de nascimento) não chegou a terminar o que, nos padrões atuais, é o ensino fundamental, uma vez que a enfermidade da mãe a forçou a ficar em casa para cuidar da família. A carga de trabalho era enorme para uma criança de 9 anos, mas a mente de Sudhamani estava absorta no Senhor Krishna. Quando ela percebia que tinha dado muitos passos sem se lembrar de Krishna, ela voltava e andava tudo de novo, repetindo o nome do Senhor.

As ideias não convencionais de Sudhamani eram especialmente irritantes para o irmão, que ficou tão enfurecido com sua recusa em se casar e sua inflexível insistência de que se dedicaria à vida espiritual que, em determinado momento, a atacou para valer, com uma faca. Durante toda essa infância angustiante, ela praticou Karma Yoga, entregando deliberadamente cada pensamento e ação a Deus.

Mais tarde, na juventude, Sudhamani sentiu o chamado da Deusa. Ela podia estar andando na praia à noite e, como uma gota que se incorpora ao oceano, unir o coração à plenitude da Mãe Divina. Os aldeões podiam encontrá-la na praia, aparentemente inconsciente, totalmente absorta na Deusa. Embora isso contribua para uma estimulante retrospectiva histórica, naquela época teve um efeito menos salutar sobre a família, que tinha pouca paciência para esses "ataques" e, menos ainda, para com o grupo de devotos que começou a se reunir em torno dela. Sudhamani atingiu a maturidade antes que a família percebesse que tinha uma genuína santa nas mãos e que a grande quantidade de pessoas que se reunia diante da sua porta não iria diminuir.

Na última década, milhões de pessoas foram à Índia simplesmente para olhar a mulher santa de Kerala. Quando

Ammachi ("Querida Mãe", como os indianos a chamam carinhosamente) aparece em público, milhares de pessoas saem correndo de suas aldeias para receber suas bênçãos. Ela é o que os indianos chamam de *mahatma*, uma grande alma. Dizem que ela é a personificação do amor absoluto e incondicional.

Quando vi Amritanandamayi Ma na Índia, ela estava cercada por mais de vinte mil devotos. Havia terminado um programa de canto devocional e estava atendendo pessoalmente os devotos. Todos eles. A tarde passou, depois a noite, e veio a manhã. Em seu rosto não havia sinal de tensão nem de fadiga, e dos vinte mil apenas cinco mil devotos tinham sido atendidos. Irradiando sua bênção para a enorme multidão, tocava cada pessoa que ia até ela, estava inteiramente presente com cada uma e esfregava *vibhuti* (cinza sagrada) nas mãos de cada uma.

"Isso é real?", fiquei me perguntando, enquanto me afastava, mancando, do tumulto, com as pernas doendo por ter ficado sentada tanto tempo no chão. A experiência deixou-me com uma apreciação muito mais profunda dos padrões de controle de qualidade que os indianos aplicam ao avaliar seus *mahatmas*.

Nos últimos anos, centenas de milhares de norte-americanos, europeus e russos têm se unido a mim, maravilhados com essa mulher de 40 anos, uma vez que Ammachi viaja constantemente de Zurique a Tóquio e a Chicago, oferecendo seu dom de inspiração a todas as pessoas que participam de seus programas livres de canção e oração.

Para aqueles de nós, aficionados do ioga, que já ouviram falar de tudo, Ammachi não tem nada a dizer: sem saber inglês, ela não fala absolutamente nada. Em vez disso, ela é apenas o que é. Ela se comunica com os olhos, procurando abraçar cada norte-americano, australiano ou sueco atônito que consegue se desvencilhar da multidão, acariciando-lhe as costas e passando para ele, disfarçadamente, chocolates Kisses. Para muitos ocidentais, esse improvável encontro é um arrebatamento.

O senhor calvo que está sentado ao meu lado na ampla igreja de São Francisco, onde Ammachi está recebendo os visitantes, está chorando há horas. Mais tarde, ele confessou:

— Meu Deus, não choro assim desde os 5 anos de idade. Quando Ammachi ergueu meu rosto e me olhou nos olhos, eu vi aquele amor perfeito e puro que eu quase perdi. Não sabia que tal amor existia.

Desde a chegada do swami Vivekananda aos Estados Unidos, há cem anos, a maioria dos mestres espirituais vindos da Índia tem dado palestras e enfatizado a prática das técnicas iogas. Antes disso, os místicos intoxicados de Deus, como Ramakrishna — o guru de Vivekananda —, tendiam a ficar no próprio país. A missão de Ammachi não parece ser a de reiterar que, pela prática combinada, podemos alcançar *sahaja samadhi*, o estado de contínua absorção da mente na consciência divina, mas sim nos mostrar o que esse estado realmente é.

A tática de Ammachi de se recusar a lidar com os ocidentais num nível verbal é brilhante: isso nos força a chegar até ela do mesmo modo que ela chega até nós: com o coração. E também nos desnuda de nossas estratégias manipulativas; somos novamente crianças aos pés de nossa mãe. Maternal e solícita, radiante no seu singelo sari branco, Ammachi enxuga as lágrimas que fluem espontaneamente de muitos daqueles que aqui vieram para encontrá-la. Acolhendo uma criança oferecida por um jovem pai, Ammachi embala o bebê no colo, rindo e acariciando-lhe afetuosamente a cabeça. Aqui, todos são seus filhos. Ela tem o regaço mais amplo do mundo.

Embora Ammachi seja semiletrada, hoje os intelectuais se sentam aos seus pés. Como os sábios Ramakrishna e Anandamayi Ma, que também eram semianalfabetos, Ammachi fala das profundezas da própria experiência espiritual. Para uma mulher sem guru e sem treinamento religioso formal, ter a compreensão do Vedanta, Tantra e das complexidades do ioga que ela possui é algo prodigioso.

Felizmente, muitas das suas conversas com devotos foram gravadas, e agora as traduções dos seus ensinamentos para o inglês estão disponíveis. Um peregrino que atravessou as águas represadas das verdejantes florestas tropicais do sul da Índia para chegar ao *ashram* de Ammachi, escondido por coqueiros e palmeiras-do-mar, perguntou-lhe qual o caminho do ioga mais adequado aos ocidentais. Depois de argumentar que cada indivíduo é diferente e deve ser orientado diretamente por seu mestre, Ammachi deu uma resposta genérica:

— O caminho da devoção é o melhor para as crianças ocidentais. No Ocidente, a sociedade é de tal maneira que as pessoas, desde a mais tenra infância, têm um enfoque intelectual das coisas. A mente analítica está bem desenvolvida, mas o coração está seco.

— O que nós podemos fazer para acabar com essa secura? — gemeu o peregrino, que, como eu, entendia perfeitamente aonde Ammachi estava querendo chegar.

— Primeiro, desenvolver o amor a Deus. Quando esse amor torna-se o centro da sua vida, e à medida que as práticas devocionais se tornam cada vez mais intensas, sua visão se modifica. Você compreende que Deus reside em todos os seres, inclusive em você, como consciência pura. À medida que essa experiência se torna cada vez mais forte, o amor dentro de você também cresce, até que, finalmente, você se transforma nele. O amor no seu interior se expande e abraça todo o universo, com todos os seus seres. Você se torna a personificação do amor. Esse amor remove toda a secura. É a melhor cura para todos os bloqueios emocionais e para todos os sentimentos negativos.

"Raciocinar é necessário, mas não devemos deixar que isso devore toda a nossa fé. Não devemos permitir que o intelecto devore o coração. Conhecimento demais significa um ego grande. O ego é um fardo, e um ego grande é um fardo grande.

"Você já viu essas pessoas que fazem a segurança da propriedade de outros, como um campo de arroz ou um patrimônio de um homem rico? Quando esses seguranças falam com alguém, fazem pose, como se tudo aquilo pertencesse a eles. Os intelectuais também são assim. Os verdadeiros proprietários são as pessoas que compreenderam a riqueza interior pela meditação.

Enquanto o idioma sânscrito e os livros sagrados tradicionais hindus são ensinados no principal *ashram* de Ammachi, perto de Trivandrum, o valor do aprendizado literário é mantido na devida perspectiva.

— Filhos! Alguém pode morar no desenho de uma casa? Vocês podem sentir a doçura, ao lamber um papel no qual está escrito "melaço"? É possível comprar joias no painel de uma joalheria em Kanya Kumari? É claro que não! Queridos, apenas ler os livros sagrados não vai levá-los à bem-aventurança.

"A devoção sem o conhecimento não pode nos libertar, mas o conhecimento sem a devoção é como comer pedras. No caminho da devoção, podemos aproveitar o fruto desde o princípio, experimentando a satisfação em cada ação. Em outros caminhos, isso ocorre só no fim. Nós podemos conseguir o fruto da jaqueira colhendo-o na base, mas, no caso de outras árvores, precisamos subir até o topo para alcançar o fruto.

Essa satisfação que vem dos estados mais elevados da consciência cultivados por anos de rigorosa penitência está disponível, a qualquer momento, àqueles que amam a Deus. Só temos de abrir o coração.

Mas como nós, simples mortais, conseguiremos abrir um coração egocêntrico para que Deus possa entrar?

— O verdadeiro amor só surge quando você se livra de todos os apegos. Então, a batalha da vida transforma-se num lindo jogo. Torna-se serviço desinteressado, ampliado para toda a raça humana, sem distinção. Nessa batalha, não é o ego que está lutando, e sim o amor que está consumindo o ego e transformando você no próprio amor.

Muitos mestres enfatizam a importância do amor, mas as palavras de Ammachi têm forte impacto sobre as pessoas, porque elas veem que Ammachi faz o que diz.

— Ammachi doa o tempo todo, 24 horas por dia — relata um devoto que conhece Ma há seis anos. — Ela doa amor a qualquer pessoa que a procure. Pode até ser firme com as pessoas, mas sempre irradia amor incondicional. É por isso que as pessoas ficam tão impressionadas com ela. Ela é um exemplo vivo daquilo que ensina, daquilo que todos os livros sagrados ensinam. Isso é inacreditavelmente inspirador. Ninguém acredita que o que ela faz é possível, até vê-la fazendo.

— Ammachi é modelo de um estado de contínua intoxicação divina e de transbordante compaixão para nós — diz uma secretária de Marim.

Um discípulo explica:

— Ao contrário de muitos santos que evitam o contato com as pessoas comuns, Ammachi abraça as massas. Milhares de pessoas vêm chorar no seu ombro. E ela as abraça e consola. Ela diz que, dos milhares de pessoas que a têm procurado, poucas têm coisas alegres para contar. Ela diz que o sofrimento do mundo é imenso.

— Há muitos *ashrams* onde vão ensinar você a se tornar iluminado — diz Ammachi, mas ela prefere discípulos que não estejam apenas buscando a união com Deus, mas que estejam também profundamente comprometidos em servir a humanidade. Simultaneamente, Ammachi é uma iogue à moda antiga: é exigente com seus discípulos mais íntimos na disciplina. Eu considero o programa de *tapas* (autodisciplina espiritual) que ela estabelece para os *brahmacharins* (discípulos celibatários comprometidos com a vida espiritual) bastante intimidador. Ela estipula oito horas diárias de meditação, além das constantes atividades de serviço social. A própria Ammachi não dorme mais do que duas horas por noite, e os discípulos também dificilmente têm tempo para descansar. Ao ser questionada se essa rotina também era imposta aos seus adeptos, Ammachi respondeu:

— A mãe não gosta de usar a palavra *tapas*, porque ela assusta os filhos ocidentais. Eles pensam que *tapas* envolve tortura física e mental. Têm medo de que, pela autodisciplina, venham a perder todos os seus desejos, e não querem que isso aconteça. Querem aproveitar a vida. O único problema é que eles têm uma ideia errada sobre "aproveitar a vida".

O verdadeiro prazer depende do repouso, não da tensão. Contudo, a maioria das pessoas está tensa o tempo todo. Os homens não conseguem passar momentos tranquilos com as esposas e os filhos. Estão preocupados com o trabalho, os negócios, a posição social e com o que os outros vão pensar ou dizer. Querem uma casa nova, um carro novo, uma tevê ou um novo relacionamento. O homem moderno está aborrecido e entediado com as coisas velhas. O pensamento está sempre no que ele não tem. Ele está sempre vivendo no passado ou no futuro, nunca no presente, e corre atrás de tudo o que deseja. Não tem tempo de aproveitar, de relaxar e de estar no presente. Por fim, ele sofre um colapso.

"Mas você pode transformar sua casa num céu, uma moradia de felicidade e de alegria. Definitivamente, isso envolve esforço; pode ser uma espécie de *sadhana*. Mas se você quer chamá-lo de *tapas*, tudo bem; talvez isso ajude você a encarar a questão com mais seriedade.

"A atual maneira de viver só vai acarretar angústia e sofrimento maiores. O problema é você. Está dentro e não fora de você. Se você realmente deseja aproveitar a vida, tente esse caminho da disciplina mental e veja o que acontece.

"Um *griham* (casa) é um *ashram* ou uma ermida. Foi assim que surgiu a palavra *grihasthashrami* (chefe da casa). Um *griham* pode ser convertido num *ashram* — um lugar onde as pessoas devotam todo o seu tempo e energia à lembrança de Deus, praticando o altruísmo e desenvolvendo virtudes como amor, paciência e respeito pelas pessoas. Elas realizam práticas espirituais que as ajudam a perceber a unidade na diversidade. Primeiro, enchem o coração com amor e, depois, esse amor é expressado em tudo o que fazem. Veem beleza e harmonia em todos os lugares. A vida familiar também pode ser assim. Por isso, um chefe de família devoto é conhecido como um *grihasthashrami*, uma pessoa que dirige uma vida de *ashram* permanecendo na própria casa. Ele é uma pessoa que tenta arduamente atingir o objetivo supremo, a bem-aventurança, mesmo vivendo com a cônjuge e com os filhos. Isso é possível se o desejo é real.

Impressionadas com a qualidade da renúncia que veem nos *ashrams* de Ammachi, as mulheres, às vezes, chegam até ela acreditando que vão ter de deixar os maridos para assumir a vida espiritual.

Um devoto relata:

— A Mãe lhes diz: "Por que você o está jogando fora? Sirvam um ao outro. Nesta época, renunciar ao mundo não é apropriado para ninguém."

Ammachi ensina os homens a considerar as esposas como a Mãe Divina, e as mulheres a considerar os maridos como o Senhor do Mundo, e também a servir à família, à comunidade e ao mundo. Humildade e serviço são seus temas constantes.

Para a mulher ser bem-sucedida na vida espiritual Ammachi especifica que: "Algumas das qualidades de um homem, como imparcialidade e coragem, devem ser assimiladas por uma mulher. Em geral, as esposas não estão interessadas em renunciar à vida mundana para alcançar Deus. Quem poderia dar continuidade à criação? Mas quando se interessam, progridem mais rápido do que os homens."

Viver do amor de Ammachi é uma experiência maravilhosa, mas aos discípulos que querem prosseguir no desenvolvimento espiritual Ammachi recomenda enfaticamente a prática da Raja Yoga.

— Os antigos mestres estudaram cuidadosamente a mente humana. Eles penetraram nela e entenderam suas sutilezas. Só depois desse exaustivo estudo foi que redigiram todas as disciplinas que um aspirante espiritual deve observar. Hoje, todo mundo escreve um livro. Mas a Mãe fica imaginando que estudo as pessoas fizeram sobre a vida e a própria mente.

"Os *rishis* (videntes) não eram superficiais. Passavam dias e noites privando-se de alimento e de sono para estudar a mente. O resultado foi o conhecimento máximo. Conheciam bem os obstáculos que um *sadhaka* teria de enfrentar durante a viagem espiritual, porque eles próprios os tinham enfrentado.

Contudo, "se não existir o amor a Deus, a quantidade de meditação e de *japa* realizadas não têm nenhuma utilidade. Um barco viajando contra a corrente avançará lentamente, não importa quão árduo a pessoa reme. Mas se uma vela for amarrada ao barco, ele ganhará velocidade. O amor a Deus é a vela que move o barco para a frente".

Aos estudantes de ioga que se queixam de não ter tempo de realizar as práticas espirituais — *dhyana* (meditação), *japa* (recitação de mantras), *kirtan* (canto devocional) e *seva* (serviço altruísta) —, Ammachi diz:

— É necessário ser honesto e sincero consigo mesmo, e admitir que não está interessado em questões espirituais, em vez de distorcer a verdade afirmando que não há tempo. Quando realmente desejamos fazer alguma coisa, o tempo e as condições apropriadas estão à nossa disposição. O tempo e a circunstância seguem o desejo.

Passei algum tempo conversando com Neal Rosner, o primeiro discípulo ocidental de Ammachi. Ele já havia passado 12 anos como monge no *ashram* de Ramana Maharshi, em Tiruvannamalai, quando um amigo o persuadiu a visitar a santa de Kerala, pouco conhecida na época. Ammachi o aconselhou:

— Você tem estado trilhando o caminho do conhecimento há muito tempo, e ainda não alcançou o que planejou realizar. Por que você não tenta chorar por Deus? Talvez seja bem-sucedido dessa maneira.

— Como é possível chorar sem motivo? — confundiu-se Neal.

— Pegue uma foto do seu guru e, mantendo-a perto de você, chore para que ele se revele a você e ponha para fora todos os seus sofrimentos. Apenas tente fazê-lo. Não é tão impossível quanto você pensa.

Depois que Ammachi saiu para visitar um devoto no outro lado da ilha, Neal tentou comer, mas, cada vez que erguia a colher até a boca, desfazia-se em lágrimas. A imagem estava indelevelmente impressa na sua mente. O amigo Chandru ficou profundamente alarmado; aquelas explosões emocionais eram inteiramente fora do comum em Neal.

— Ela está demorando muito — disse Chandru. — Vou me sentar lá fora e entoar meu mantra. Onde ela estiver, vai me ouvir e voltar imediatamente.

Algum tempo depois, a mãe de Ammachi entrou correndo.

— Ammachi está vindo! — anunciou ela, ofegante. — Nós estávamos do outro lado da represa e não conseguimos um barco para nos atravessar. Ammachi começou a gritar: "Chandru está sentado lá no sol quente e Neal está chorando para me ver. Se você não encontrar logo um barco, vou atravessar a nado!"

Naquele momento, Ammachi entrou no quarto.

— Chorando? — perguntou ela, de modo inocente.

Lamentavelmente, devo assinalar que, neste país, muitas pessoas que têm se dedicado à espiritualidade têm tido encontros bem menos agradáveis com mestres espirituais. Elas sofrem as consequências de se envolver impensadamente com qualquer novo mestre vindo da Índia, não importa quão amáveis possam parecer inicialmente.

— A pessoa deve observar a conduta do guru, sua vida, sua história, seus ensinamentos, para ver se a vida dele está refletida nos seus ensinamentos e vice-versa — replica Neal, pensativo. — No Ocidente, as pessoas são muito crédulas e acham que se estão tendo algumas experiências com um determinado mestre, significa que ele é bom.

"A Mãe continua a mesma de 12 anos atrás, quando a encontrei, época na qual ninguém, com exceção dos aldeões, a conhecia. Sua total ausência de mundanismo é a mesma. Se você tivesse visto a Mãe antes de ter contato com a sociedade, você diria se tratar de uma *avadhuta*, alguém totalmente além deste mundo, além do plano físico. Você a chamaria de louca. Pessoas assim não seguem nenhuma norma social. A Mãe era vista nas represas em Kerala, na água e na lama, ou dançando sob as árvores à noite. Comer terra ou qualquer coisa que alguém lhe desse era a mesma coisa. Ela estava morta para a existência física. Vi isso com meus próprios olhos. Muitas vezes, ela ficava sentada do lado de fora, ao sol, em *samadhi*, e começava a chover... Você conhece as terríveis ventanias com chuva ... e ela não se movia. Quando você está num avião, não é como se estivesse andando no chão. Essa é a situação da Mãe.

"Em uma outra parte do sul da Índia, havia um *avadhuta* que nós visitamos um dia. Ele era repugnante. Vociferava com a Mãe, e ninguém conseguia entender o que dizia. Estava realmente sujo. Costumava se sentar a um canto, e essa era toda a sua vida. Quando saímos do lugar, estávamos tão irritados que não queríamos ver o sujeito nunca mais. Mas a Mãe continuou sentada lá. Finalmente, entramos no ônibus e ela apenas sorriu e disse: "Ele está realmente no estado supremo."

"Em uníssono, todos disseram: "Ah! Se é esse o estado supremo, eu não quero ter nada a ver com isso!" Então, ela falou: "Nenhum de vocês pode entender, e eu não posso explicar. Mas quando vocês estiverem no estado dele, compreenderão a razão de ele ser assim." Isso resume a vida interior da Mãe. Podemos deduzir muitas coisas, mas, a menos que cheguemos ao seu estado, não podemos entender o que ele realmente é.

O *brahmacharin* Ramakrishna acrescenta:

— A Mãe não costumava se lavar, escovar os dentes ou se curvar nos templos. Ela estava acima dessas coisas. Mas alguns devotos que não estavam acima dessas coisas começaram a imitá-la. Só então, para dar o exemplo, ela modificou seu modo de ser e começou a seguir as normas sociais.

— Você pode ver toda a vida da Mãe bem à sua frente — continua Neal. — Seja uma mulher, um homem, uma criança, uma pessoa rica ou uma pessoa pobre... Para ela, todas são a mesma coisa: ela é a mãe. Todo mundo é uma criança de 3 anos diante dela. É assim que ela vê todas as pessoas. E não são apenas palavras. Ela nos faz sentir o que realmente somos. Nós realmente somos filhos da Mãe Divina, mas, quando crescemos, a mente se enrijece e nós ficamos zangados, orgulhosos e ciumentos: tornamo-nos adultos. Perdemos a inocência. Mas a Mãe diz que se você quer compreender Deus, se realmente deseja ser feliz, precisa se tornar novamente uma criança. Cristo disse a mesma coisa.

Ammachi é de Kerala — um estado comunista. Pergunto a Neal como as autoridades lidam com o fato de ter uma das maiores santas vivas da Índia entre os habitantes.

— Elas estão mudando bastante — diz ele. — Todos em Kerala estão mudando por causa da Mãe. As pessoas haviam perdido a fé em Deus. Durante o comunismo, elas desistiram de suas religiões tradicionais. Agora, milhares de pessoas estão mudando, porque veem a Mãe e estão convencidas de que ela é a Mãe Divina. Se ela for a algum lugar fora da aldeia, você pode ter certeza de que lá vão estar de 15 mil a 25 mil pessoas para vê-la. As pessoas estavam precisando de uma verdadeira santa, e veem que é isso o que a Mãe é.

Ammachi não afirma, de modo algum, que é uma encarnação divina. Ao contrário, insiste que é "a serva dos servos de Deus". "Quero que as pessoas adorem a Deus e não a mim", ela tem repetido, apesar de, no sul da Índia, todos estarem absolutamente convencidos de que ela é um avatar.

— As pessoas acham que ela é mais do que uma santa, porque ela tem sido assim desde criança — explica Neal. — Acham que ela é a Mãe Divina encarnada. Tradicionalmente, diz-se que você pode chamar uma pessoa de *avatar* se na infância ela compreendia Deus, se usa essa compreensão para o bem do mundo, se já nasceu mestre e se não teve um guru. Isso é muito raro.

No dia em que, pela primeira vez, Ammachi pôs os pés em Moscou (17 de agosto de 1991), o comunismo soviético entrou em colapso. O simbolismo dessa coincidência me abalou profundamente. Há muito tempo, houve uma forte tradição católica de que a Rússia seria libertada pela Mãe Divina.

O interessante é que, quando o *brahmacharin* Chaitanya perguntou francamente a Ammachi: "Você é Deus?", o *ashram* reverberou sua gargalhada. Referindo-se a si mesma habitualmente na terceira pessoa, ela replicou:

— Amma é uma menina louca. Amma só está sentada aqui porque ninguém a prendeu numa penitenciária. Amma não pede a ninguém que acredite nela. Para vocês, é suficiente que acreditem em si mesmos.

— No Ocidente, tem havido alguns mestres inspiradores que doam amor incondicional às plateias — digo a Neal. — Na última vez que vi um deles, ele parecia estar muito mal, como se estivesse à beira de um colapso. Achei que o fato de doar continuamente havia afetado seu sistema nervoso. No entanto, Ammachi continua doando, de pessoa a pessoa, não apenas para centenas delas, mas para dezenas de milhares de uma só vez, e ela sempre aparenta estar animada e feliz. Como ela consegue isso?

— Ela diz que foi preparada para essa tarefa. Foi para isso que ela nasceu. Ela se compara a um gari, uma pessoa que limpa todo o lixo e depois vai tomar um banho. Ela sabe se limpar, não fisicamente, mas de outro modo. Nem todo mundo sabe fazer isso. As pessoas sabem dar, mas podem não saber se livrar do que estão recebendo.

"É inacreditável. Refiro-me ao fato de que as baterias dela não são como as nossas. Ela vai, vai, vai... E nós entramos em colapso. Se você morar com ela, fica exausto o tempo todo. A Mãe chega em casa às 4h da manhã e, então, lê as cartas que recebeu até as 5h. Finalmente, ela cochila. Uma hora mais tarde, acorda e sai novamente.

"Moramos juntos numa cabana nos dois primeiros anos do *ashram*. Éramos a Mãe, Swamiji (Amritswarupananda) e eu. Não conseguiria fazer isso de novo! Morar com a Mãe durante dois anos foi a coisa mais difícil que já fiz na vida.

As luzes ficavam acesas o tempo todo, porque ela nunca dormia. Havia sempre pessoas lá dentro, e ela era sempre muito impetuosa e animada... Ela é tão cheia de energia e de vida! Aquela sala parecia um circo o tempo todo — sempre *satsang* (confraternização espiritual). Felizmente, consegui mudar de cabana.

Outro *brahmacharin* conta:

— Alguns anos atrás, eu estava sentado na cabana em Vallickavu com os outros devotos, desfrutando a presença da Mãe, quando de repente notei um terrível mau cheiro. Virei-me e vi um leproso entrando, inteiramente coberto de feridas infeccionadas. Você não pode imaginar o cheiro. Eu quase vomitei. A Mãe deu um pulo e correu até ele. O rosto dela brilhava de felicidade como se um filho perdido há muito tempo tivesse acabado de voltar para casa. Ela o abraçou, encheu-o de atenções e lavou suas feridas com as próprias mãos. — A esta altura, a história assume um rumo mais surpreendente, confirmado por diversas testemunhas com as quais falei e que estiveram com Ammachi naquele período. — Ela pediu que ele voltasse regularmente para limpar as feridas. Depois de algum tempo, só uma pequena ferida existia. Quando perguntamos por que a Mãe não havia curado a lepra completamente, ela disse: "Enquanto a doença permanecer, ele vai clamar por Deus. Se a doença for completamente removida, ele poderá ficar cheio de si."

Todos os santos da Índia têm, pelo menos, uma história de milagre. Pessoalmente, acho esses contos encantadores e inspiradores, embora — serei sincera — não creia neles literalmente. No entanto, ainda que seja fácil duvidar dos pretensos milagres de figuras históricas mortas há muito tempo, é desconcertante ouvir experiências pessoais de transformação de vida contadas por testemunhas confiáveis sentadas à minha frente do outro lado da mesa.

Um rapaz conta que Ammachi estava conversando com um grupo de devotos em Vallickavu quando, subitamente, ela se virou e ordenou-lhe que voltasse imediatamente para casa, conseguindo até um carro para que a viagem fosse mais rápida. Ele correu para casa e encontrou a mãe chorando diante da fotografia de Ammachi no altar familiar.

— Eu estava perto do forno quando senti uma forte dor no peito — explicou a mãe. — Eu sabia que estava morrendo. De repente, pensei em você e, sabendo que você estava no *ashram*, roguei à Santa Mãe: "Por favor, mande meu filho de volta para mim para que eu possa vê-lo uma última vez." Caí no chão inconsciente, mas despertei algum tempo depois, surpresa por estar viva. Senti a fragrância da Santa Mãe, e enquanto abria lentamente os olhos, a vi sentada perto de mim. Ela estava segurando meu remédio para o coração na mão esquerda. "Sim, filha, você já tomou o seu remédio. Fique tranquila, você está muito bem", ela disse. Depois, desapareceu. Eu me levantei e procurei por ela em todos os cantos, mas ela havia desaparecido. Seu perfume ainda estava impregnado em todos os cômodos da casa. Voltei para a cozinha, e o frasco de pílulas, que eu mantenho fechado no armário de remédios, estava no chão.

Ao ouvir os indianos contarem sinceramente muitas dessas experiências impossíveis com Ammachi, fico impressionada com a maneira tão diferente de perceberem o universo. Na nossa cultura, a Deusa é um símbolo feminino de realização pessoal, um ícone político com dramáticas ressonâncias políticas e filosóficas. Na Índia, no entanto, a Deusa é *real*. Desde a mais tenra infância, essas pessoas ouvem falar de livros sagrados como o *Chandi*, no qual a Deusa promete que, quando seus filhos forem ameaçados ou se extraviarem, ela encarnará para salvá-los. Para elas, Mãe Divina não é um conceito; ela anda nas ruas e habita os altares que constroem para ela em suas casas. Ao olhar para uma *mahatma* como Amritanandamayi, elas veem a Mãe do Universo se locomovendo de um lado para o outro. Deixo para os psicólogos a explicação do mecanismo psicossomático que permite esse tipo de fé que cria milagres aparentes.

Tive a oportunidade de observar num templo hindu a antiga cerimônia tântrica *kanya kumari*, na qual uma menina de 3 anos de idade foi vestida e venerada como a Deusa. Originalmente, meu interesse era antropológico, mas, à medida que o ritual progredia, descobri-me sob a poderosa influência de sua magia arquetípica. Muitas vezes, o rito também é conduzido com adolescentes, bem como com mulheres muito idosas. Ramakrishna, o grande santo do século XIX, venerava a esposa Sarada dessa maneira.

Chego ao centro Mata Amritanandamayi, perto de San Ramon, Califórnia, tendo ouvido falar que Ammachi vai conduzir um rito semelhante, chamado Devi Bhava. Aqui, hoje, encontro muitas pessoas que conheço, devotos do *ashram* de Sai Baba, de Ananda, do Self Realization Fellowship e do centro de Siddha Yoga. Há cristãos, budistas e judeus, todas as lealdades sectárias juntas para receberem uma santa cujo abraço é universal. O enorme auditório está tão cheio que os que chegam no último minuto não conseguem nem se espremer na porta.

Quando Ammachi entra no salão, a maioria dos devotos se curva, instantaneamente, e os meus sensores "alerta para seita" começam a piscar. Se isso é uma seita, por que não há ninguém me pressionando para eu me juntar à organização (fica claro que não existe nenhuma organização à qual se juntar); por que não há ninguém tentando me converter à sua teologia (antes de a devoção começar, disseram-me para visualizar qualquer que fosse o aspecto de Deus com o qual eu estivesse mais acostumada, e se eu não acreditasse em um Deus pessoal, para imaginar a realidade sem forma); e o mais surpreendente: por que não há ninguém me pressionando para fazer um donativo? Um *brahmacharin* me disse que Ammachi abomina a tendência moderna de misturar espiritualidade com negócios, e que ela proibiu os discípulos de pedirem dinheiro. Entretanto, no fundo do salão, há uma barraca onde estão sendo vendidas, pelos menores preços que eu já vi neste país, fitas cassete de música devocional e delicadas joias indianas. Cem por cento do dinheiro apurado são utilizados para manter orfanatos, escolas, clínicas médicas, institutos de treinamento vocacional, asilos e lares para viúvas e mulheres que sofrem maus-tratos que Ammachi mantém na Índia.

No momento seguinte, Ammachi está de quatro, pressionando a testa contra o chão. Por um minuto completo, ela se curva à divindade que está dentro de nós. Sou apanhada inteiramente desprevenida: pessoalmente, acho desagradável me curvar para outra pessoa e, aqui, essa santa mundialmente famosa está se curvando para mim! Isso me faz lembrar que, na Índia, o significado de prostração é demonstrar respeito pela natureza divina de uma outra pessoa, não subserviência.

O programa começa com *Devi Puja*, um antigo rito sul-asiático no qual a Deusa é favorecida em benefício de todos os seres. Agitando bastões de cânfora flamejante e cantando *Om Parashaktyai Namaha* ("Homenagem à Suprema Consciência/Energia Primordial"), seguimos as instruções de Ammachi enquanto ela se comunica por intermédio do swami Amritswarupananda.

— A Mãe diz que o princípio masculino dominou o mundo, é isso que está causando muitos dos problemas atuais — traduz ele. — Temos de trazer de volta a energia criativa do pricipício feminino. É por isso que, hoje, estamos fazendo devoções à Deusa.

Oferecemos pétalas de flores, que simbolizam, respectivamente, todas as nossas esperanças e os nossos medos, a Parashakti, a Grande Mãe.

Após um jantar vegetariano, o *Devi Bhava* propriamente dito começa. A cortina do palco se abre, revelando uma Ammachi que nós ainda não tínhamos visto. Ela está vestida com um estonteante sari, enfeitada com joias, e na cabeça traz uma coroa de prata. Para os ocidentais, pouco acostumados com rituais desse tipo, ela explicou:

— Filhos, quando vemos a roupa de um carteiro, lembramo-nos de cartas. A roupa da Mãe é para lembrá-los do Supremo. O mundo só respeita a roupa. Esta apresentação visual da Mãe no *Devi Bhava* é para nos libertar da percepção limitada do nosso Ego e nos lembrar de que o Supremo é nossa verdadeira natureza.

Ela está em *samadhi*, um estado de intensa concentração meditativa. Como o rito *kanya kumari*, essa cerimônia nos permite interpretar simbolicamente a experiência de estarmos na presença da Mãe do Universo. Essa cerimônia é tão radicalmente diferente de tudo o que a maioria de nós já experimentou na nossa cultura que estou sinceramente surpresa com o fato de ninguém ir embora. Ao contrário, as pessoas fazem fila para se aproximar da "Deusa", para ter contato físico com o divino. Muitos dos indivíduos que estão aqui vão acalentar até o fim da vida o momento de se reclinar no colo da Deusa para receber sua bênção.

— Apesar da diferença cultural, isso é algo que elas sentem instintivamente — comenta Neal Rosner. — Não se desenrola no nível mental; é inteiramente intuitivo. É algo que elas não podem tocar, mas muito verdadeiro e profundo nelas. As pessoas gostam porque é a essência da realidade.

Eu me agarro ao cinismo. Ele é tanto minha espada quanto meu escudo. Constantemente — da adolescência, investigando fenômenos paranormais; à maturidade, explorando diversos caminhos espirituais — fico impressionada com nossa imensa capacidade de nos iludir. Somos criaturas crédulas; queremos acreditar, queremos que a vida seja mágica, que tenha um significado espiritual. Frequentemente, confundimos nossa interpretação do fato com o fato em si, então, quando alguma coisa desfavorável ocorre, como uma morte súbita, ficamos atordoados. Por um instante, vacilamos à beira daquele aterrorizante abismo da realidade árida que os hindus chamam de *Kali*, mas, imediatamante, lutamos para encontrar sentido no acontecimento, para justificar a vontade aparentemente caprichosa de Deus.

Sempre me senti atraída aos santos e a seus inspiradores ensinamentos, mas na "vida real" trabalho numa grande universidade de pesquisas e estou diariamente exposta aos recentes dados neurofisiológicos que revelam que muito do que acreditamos ser psíquico e sagrado, na verdade, é biológico. Contudo, estando na presença de um fenômeno como Ammachi, sinto a minha bem organizada e minuciosamente documentada versão da realidade começar a se esfacelar. Descubro-me levantando questões novas e inacreditáveis. Será que o ioga, além de aumentar a lucidez e a criatividade, é um portal para uma outra dimensão do ser que se estende infinitamente não apenas além do intelecto, mas além da imaginação humana? Que o amor não é só uma zona agradável ou um paliativo social, mas um veículo para entrar no próprio coração de Deus? Saturada dos exageros dos gurus, resisto a me "entregar" a representações de autoridade espiritual. Contudo, alguma parte de mim fica imaginando se não seria verdade, como sugere Ammachi, que "o guru é a personificação da consciência pura. Ali, não há pessoa alguma. Ele simplesmente é, e você se beneficia da sua presença. Se você realmente quer ter um guru, então entregue-se ao seu Eu, é igual ao Eu do guru".

Sigo em direção à poltrona de Ammachi, onde ela está sentada resplandecente de amor. Uma após outra, duas mil pessoas se aproximam para se reclinar sobre o seu colo, para serem abraçadas e abençoadas por esse enigmático ser vindo da Índia. Em determinado momento, levanto-me para verificar a cortina que está atrás de Ammachi, mas, inacreditavelmente, não há nenhum motor elétrico funcionando ali. Então, de onde vem a poderosa e vibrante energia que sinto?

Finalmente, é minha vez. Ajoelho-me hesitantemente diante de Ammachi. A compassiva aceitação total que emana dela me desarma completamente. Pela primeira vez na vida desfaço-me da minha espada e do meu escudo. Afundo no colo de Ammachi, com os braços em torno da sua cintura, enterrando a cabeça abaixo de suas costelas. Sou arremessada na escuridão. Entro em contato com Ammachi com todo o meu coração e nela encontro... nada. Não há absolutamente nada ali. E, no entanto, nesse vácuo que parece me engolir sinto alguma coisa... consciente. Parece que o nada absoluto do espaço e do tempo está sorrindo. Recuo espantada e olho para os radiantes olhos de Amrita-nandamayi Ma. Compreendo que essa é uma reação inacreditavelmente emocional, mas por um momento descubro-me acreditando que, sim, é possível. Os ensinamentos dos iogues são verdadeiros. Há um estado de lucidez luminosa que transcende e está impregnado em todas as coisas. Ao revelar a divindade em si mesma, Ammachi está nos mostrando o âmago da realidade: nossa essência divina.

Atrás de mim, os *brahmacharins* cantam um tradicional *bhajan* de Malalayam a Devi, a Suprema Deusa:

Quem conhece a Tua grandeza,
Ó Tu que és a essência
Deste ilusório mundo?
Milhares e milhares de seres vivos
Buscam o Teu sorriso divino e radiante!
Quem conhece a Tua grandeza,
Ó Mãe, quem conhece?

Personificando o divino feminino

A NTES DO INÍCIO, ELA era uma massa de consciência, ilimitada, autoconsciente, obstinada. Entediada com a própria perfeição imutável, ela projetou, da fração de uma fração do seu ser informe, um cosmo. Flocos de espuma desse vasto oceano de energia consciente se congelaram em universos distintos. Parte dessa energia assumiu a função de Deuses e Deusas dos sistemas mundiais.

Na grande e silenciosa expansão, a Deusa Bhumeshvari começou a louvar a Mãe Universal; consequentemente, a vida explodiu em suas praias. Os continentes tomaram forma, aglutinaram-se, separaram-se. Seres de todos os formatos e inteligências fizeram devoções nas terras e nas águas. E, na era do progenitor Vaivasvata, no continente de Jambudvipa, onde o rio Saraswati, com oito quilômetros de largura, banhava o fértil vale do Indo, uma raça humana começou a prosperar. Desde as eras paleolíticas, onde quer que nascessem mulheres e homens, a Mãe era reverenciada.

Isso não é um mito, mas a história secreta do nosso mundo. Se alguma parte de você reage, é porque a própria Mãe está usando seus olhos para ler estas palavras, está erguendo seus dedos para virar estas páginas, está suspeitando da sua existência no seu agitado intelecto. Ela é o que você é realmente — uma massa de consciência, ilimitada, autoconsciente.

— Quanto tempo demora para compreendermos a Deusa? Para nos tornarmos um com Ela? — pergunto ao swami Veda Bharati.

— Um piscar de olhos — responde ele, sorrindo. — Tudo o que é necessário é um vislumbre da Mãe do Universo.

E depois, porque ele adora contar histórias, o swami Veda inicia uma conversa sobre os Deuses. Brahma, o criador do nosso específico universo (há, evidentemente, muitos outros), vive há 311.040.000.000.000 dos nossos anos terrenos. Tudo o que vivenciamos como real é simplesmente o sonho de Brahma. Mas o próprio Brahma nasceu do sonho de Vishnu, uma inteligência infinitamente mais vasta. Mil vezes a extensão da vida de Brahma são apenas algumas poucas horas para Vishnu, que vive há 671.846.400.000.000.000.000 dos nossos anos, de acordo com a estimativa dos iogues. Brahma nasce e morre, renasce e morre, repetidamente, no sonho interminável de Vishnu, criando galáxias e recolhendo-as. A cada instante, incontáveis milhões de Brahma também estão nascendo e morrendo no ser de Vishnu.

No entanto, toda a existência de Vishnu é simplesmente uma respiração na extensão da vida de Mahadeva, "o Grande Deus": o próprio Shiva. A cada momento, milhões e bilhões de Vishnu estão nascendo na infinitude da meditação de Shiva. E as iogues, que devem saber, dizem que Shiva vive há 87.071.293.440.000.000.000.000.000.000.000 dos nossos anos. No final dessa eternidade, até Shiva vai se extinguir.

— E mil extensões da vida de Shiva — diz o swami Veda, fechando os olhos — são uma piscadela da Mãe do Universo.

Ela é Maha Kali, a Devoradora, a eternidade em si. Mas porque está além do tempo, ela pode se manifestar no tempo. Porque é ilimitada, ela pode se limitar.

"A Unidade suprema auspiciosa, minha Mãe, é sempre pura e transparente. Ela é mais vasta do que o próprio espaço e mais minúscula do que um átomo. Ela é onisciente, embora não saiba nada; ela faz todas as coisas, embora nunca aja; ela contém todas as pessoas, embora ninguém a contenha. Todas as formas existem nela, mas ela é informe. Tudo pertence a ela, mas ela não reivindica nada. Por ela, tudo o que pode ser conhecido é conhecido e, contudo, ela não pode ser conhecida. Ela é a bem-aventurança, embora ela esteja além da bem-aventurança. Tudo, até mesmo os deuses, se extinguem nela; ela nunca morre. Ela não tem pai nem mãe, embora incontáveis sejam suas filhas, como eu", a vidente Hemalekha ensinou ao marido.

A matriz do ser não tem limite, embora Ela mensure o imensurável. É por isso que os sábios a chamam de Maya, "a medidora". Ela nos dá a impressão de que as estrelas podem ser contadas e de que nossa vida tem um início e um fim. É assim que podemos compreender o que ela mesma não pode: a finitude.

Ao observar Sri Ma, sentada diante de sua *linga*, terminar a recitação de mantras mais antigos do que o nascimento do Deus da minha cultura e imergir no silêncio absoluto, percebo que a Deusa reside fora do alcance do pensamento. Contudo, uma vez que ela é a fonte do som, aqueles que ouvem o silêncio podem ouvir sua fala. A voz da Deusa ressoa "como o trovão no céu da mente", de acordo com o Tantra:

"Eu sou a inteligência da qual emana o universo e da qual ele é inerente, como um reflexo no espelho. Os ignorantes acreditam que eu sou simplesmente matéria inerte, mas os sábios me vivenciam como seu verdadeiro Eu interior. Eles me vislumbram quando a mente se torna tranquila e clara, como um oceano sem ondas.

Brahma, Vishnu, Shiva, os Deuses de todas as direções e suas energias, na verdade todas as entidades em todos os planos de existência, são manifestações de mim mesma. O meu poder é vasto demais para ser imaginado. Contudo, os seres não me conhecem porque a mente está amortalhada na ignorância. Isso também é o meu poder.

A suprema sabedoria é aquela que acaba com a ilusão de que qualquer pessoa ou qualquer coisa existe separada de mim. O fruto desta compreensão é a ausência do medo e o fim do sofrimento. Quando a pessoa compreende que todos os ilimitados universos são uma fração de um átomo na unidade do meu ser, que todas as inumeráveis vidas nesses universos são um fio de ar num dos meus sopros, que todos os triunfos e as tragédias, o bem e o mal em todos os mundos são meu jogo espontâneo e descompromissado, então a vida e a morte cessam, e o drama da vida individual se evapora, como uma poça rasa num dia quente.

Você está me vivenciando agora, embora não me reconheça. Não existe nenhum outro remédio para a sua ignorância senão me adorar como o seu Eu mais profundo. Entregue-se a mim com devoção exclusiva e alegre e eu irei ajudá-lo a descobrir seu verdadeiro ser. Permaneça na consciência tão continuamente e sem esforço quanto o ignorante reside no seu corpo. Permaneça em mim como eu existo em você. Saiba que, mesmo agora, não há nenhuma diferença entre nós. Compreenda isso agora!

"Aquilo que brilha no seu interior como puro Ser é a sua majestade, a Suprema Imperatriz, a Consciência Absoluta", conclui o *Tripura Rahasya*. "O universo e todas as criaturas que estão nele são aquela Realidade Única; sim, tudo isso é ela sozinha."

Ao descrever a Deusa, o Tantra não está se referindo a uma divindade feminina com muitos braços e vestida com um sari, tampouco ao que os antigos gregos chamavam de Gaia (e os hindus chamam de Bhumeshvari, a "Deusa da Terra"), porque a Terra vai perecer, e a Deusa, não. Ela é o que permanece depois de o cosmo em si se dissolver, de o último próton se decompor e da onda final de energia se dissipar. E do vazio infinito do seu ser, mais uma vez, vão explodir novos universos. Sem fim. Porque ela não está preocupada com começos e fins. Ela é a Realidade. Ela é o que é, quer qualquer outra coisa seja ou não.

Essa Deusa — você não pode perguntar como ela vem a ser, porque ela nunca vem à existência; ela é o que nós, mortais, chamamos de existência. Porque algo existe, você não pode dizer que ela é apenas um mito, ou até mesmo o sonho de nossas vidas poderia nunca ter sido sonhado. O que quer que seja, essa é a sua origem, a minha, a dos santos, dos planetas, das estrelas e do espaço entre as estrelas — isso é ela. Os cientistas sabem que ela está lá e que é impressionante, mas eles não sabem como descrevê-la (embora lutem com suas equações) e não compreendem que ela é consciente — embora seu nível de consciência seja algo infinitamente além do nosso entendimento. Certamente, eles não imaginam que, na sua onipotência, ela pode assumir um corpo humano e andar entre nós; que, de fato, ela assumiu o corpo que está segurando este livro!

De qualquer maneira, essa é a crença dos *shaktas*, os devotos da Deusa na Índia. Eles alegam que a sua é a mais antiga de todas as religiões — é por isso que o shaktismo permeia a maioria das outras escolas indianas de pensamento e prática, pois é o próprio âmago do Tantra. As mulheres santas da Índia adotam essa visão, embora usem termos diferentes para expressá-la. Elas se diferenciam de nós porque não buscam aprender ou ensinar sobre a Deusa, mas personificá-la plenamente. Porque, ao encarnar o divino, inconscientemente elas evocam-na em nós.

Para que isso não lhe pareça muito abstrato, saiba que, na Índia, a presença viva da Deusa é sentida muito concretamente. Os indianos têm um dito: "Em público, um *vaishnava*." Nas reuniões públicas, a pessoa se une às massas cantando os nomes dos deuses populares com sincera devoção. *Jai Rama! Hare Krishna!* "No círculo íntimo, um shaivite." Tranquilamente, com aqueles que possuem uma compreensão mais sutil, a pessoa discute o Tantra. Devotada à filosofia de Shiva — a consciência unitária por trás de todos os fenômenos —, a pessoa pratica os ensinamentos secretos do ioga. "Mas, no coração, um *shakta*." Qualquer que seja a orientação religiosa da pessoa — um devoto de Rama; de Jesus, o mais recente avatar semita; de Shiva; ou do ser sem forma que os Vedas chamam de Brahman —, os hindus sabem que no âmago do seu ser são filhos da Mãe Divina. As grandes mulheres santas da Índia sabem disso em cada fôlego que tomam e o expressam em cada uma de suas ações. Não estou sendo loquaz. A pessoa só precisa olhar para Anandamayi Ma ou para Ammachi para perceber que isso é literalmente verdade.

Na teologia hindu, a realidade definitiva é algo totalmente acima da nossa concepção e, mesmo assim — como ela realmente se preocupa conosco —, a Deusa irrompe na história para destruir nossa cômoda visão da existência material e nos dar um vislumbre de algo totalmente diferente, algo transcendentalmente divino, embora inteiramente familiar. Um desses encontros está metaforicamente descrito no *Devi Mahatmyam*, talvez o livro sagrado mais frequentemente recitado na Índia, muitas vezes chamado simplesmente de *Chandi*. Esse é o texto que Sri Ma interpreta todo dia no seu Mandir. Vou lhe contar essa história porque ela ilustra esse grande paradoxo da natureza da Deusa e nos remete ao paradoxo da nossa natureza.

A Autodisciplina, o Amor Universal, o Serviço Desinteressado e os outros seres divinos são expulsos do céu pelo guerreiro mais feroz, mais forte e mais diabólico que eles já tinham encontrado: o Egoísmo. O Ego menospreza todas as sugestões do Espírito e exige tudo o que vê, vivendo para o prazer sensual e para a glorificação, ajudado por bajuladores, como a Cobiça, a Luxúria e a Raiva.

Os seres divinos vão até os maiores de todos os deuses, Brahma, Vishnu e Shiva, para implorar ajuda. Mas quando os Três Grandes percebem contra quem eles estão, trocam olhares preocupados.

— Essa tarefa é grande demais para nós três — concordam eles. — Num caso como esse, só existe um único recurso.

E sentando-se para meditar os deuses concentram as energias na Suprema Deusa. Sua resposta é imediata.

No exato momento que a Cobiça e a Luxúria estão pisando no mundo, a atenção delas se fixa numa mulher extraordinariamente bela, sentada em silêncio, próximo ao topo de uma montanha.

— Ela é incrível! — falam, com voz ofegante. — O Ego precisa possuí-la!

E, de fato, quando o Ego ouve falar da arrebatadora beleza dela, envia uma proposta para ela.

— Submeta-se ao Ego e toda a riqueza do mundo será sua! — os demônios falaram a essa misteriosa mulher. — Torne-se sua escrava e nós iremos servi-la para sempre!

Sorrindo timidamente, ela responde:

— Oh! É uma oferta muito atraente. Mas, tola que sou, quando eu era uma garotinha, fiz uma promessa estúpida de que só me casaria com o homem que me derrotasse em batalha. Não posso aceitar seu mestre, a menos que ele me conquiste.

O Ego fica enfurecido com a resposta e envia seus generais Medo e Vingança, com seu exército fortemente armado, para agarrar a misteriosa beldade à força. Entretanto, quando os demônios conseguem agarrá-la, a delicada donzela começa a crescer... e crescer... e crescer. Um olho extra se avoluma na testa, numerosos braços se desenvolvem rapidamente do tronco e presas irrompem da imensa boca. Espadas, lanças, bordões, discos giratórios com bordas muito afiadas — todas as armas concebíveis aparecem em cada um dos incontáveis punhos. A rocha castanho-amarelada na qual ela estava sentada transforma-se num enorme leão voraz com uma imensa língua.

— Acho que nós mordemos mais do que podemos mastigar — sussurra o Medo, tomando fôlego, enquanto conduz o ataque suicida contra Durga, a Mãe do Universo.

O inimigo com o qual o Ego se envolveu inadvertidamente é o próprio *Chit Shakti* — o poder purificador da Consciência Suprema. Finalmente, o Ego está se confrontando com o Eu Superior — e ele é poderoso! A Guerreira Divina frustra seus adversários com poderosos mantras, com a espada do discernimento, com o arco da determinação e com a clava da persistente prática do ioga. Segue-se uma batalha feroz, na qual o Egoísmo esgotou todos os meios à sua disposição para dominar a força espiritual interior, à medida que ela reafirmava sua soberania inata.

O combate é retratado em detalhes, incluindo a famosa batalha da Mãe Durga com *Rakta Bija* ("A Gota Vermelha"): toda vez que uma gota do sangue dele, derramada em batalha, toca a terra, ergue-se como um novo guerreiro. A Mãe Divina se transforma na horrível Deusa Kali, que engole cada gota de sangue antes que alcance o solo. Para o leitor ocasional, esse é um episódio grotesco, mas os meditantes vão reconhecer instantaneamente a analogia: na luta para controlar seus pensamentos e desejos, eles parecem se multiplicar mágica e loucamente. Somente agarrando-os antes que tenham a oportunidade de se enraizar é que esse ciclo interminável pode ser detido.

No episódio mais conhecido do *Chandi*, o todo-poderoso demônio Mahisha (A Ilusão) dá uma guinada na batalha, transmudando-se para enganar a Mãe Universal. Na verdade, muitos de nós já experimentamos uma mudança desse tipo — por exemplo, o impetuoso egoísmo sublimado transformado em orgulho espiritual. Quando a Força Divina finalmente o domina, ele está sob a forma de meio homem/meio búfalo. A arte religiosa indiana está repleta de pinturas e esculturas da serena e bondosa Mãe Durga matando o demônio-búfalo Mahisha.

Em determinado momento, a Mãe Universal projeta de si milhões de deusas, incluindo Brahmani — a Deusa da Inteligência Aplicada com Prudência; Vaishnavi — a Deusa dos Recursos Materiais Usados com Sabedoria; e Varahi — a Deusa do Desejo de Perfeição Espiritual. O Ego grita:

— Isso não é justo!

E a Deusa reabsorve suas emanações, levando à cena-clímax na qual o Ego e a Consciência Espiritual Pura se enfrentam.

Nessa confrontação final, o *ahankara*, ou senso de personalidade limitada, não tem o apoio de *chitta* ou *vasanas* (memórias e estímulos da mente inconsciente). Maha Maya retira as projeções ilusórias, permitindo que o Ego enfrente diretamente a realidade onipresente da consciência ilimitada. Nesse momento, o Ego pode se retirar para o casulo da individualidade mesquinha ou se oferecer inteiramente ao infinito. Se o Ego se entregar, ele vence; o eu encontra dentro de si mesmo o Eu Absoluto. Mas Durga, a Consciência Divina, nos convida a nos comprometer com ela, numa batalha que só ela pode vencer. O raio resplandecente da *Kundalini* avança, e o ego se dissolve — em todas as coisas.

Quando o Ego perece, a ordem é restaurada no universo e a harmonia retorna à natureza. Indra e os outros Deuses reconquistam seus lugares no céu (isto é, a mente e os sentidos, a serviço do divino, reassumem suas funções). Eles agradecem à Deusa e pedem que, sempre que surgir a necessidade de auxílio divino, ela reapareça.

— Toda vez que a opressão se espalhar pelo mundo, eu descerei e a destruirei — promete ela.

Os intelectuais ocidentais foram lacônicos. Para eles, o mito significa um anseio de voltar ao útero, uma condição regressiva e patológica de aniquilamento psicológico. Na Índia, o confronto final com a Deusa é visto de forma diferente porque, lá, todos sabem que somente os maiores mestres buscam, encontram e são conquistados por ela.

A Deusa matou Ramana Maharshi quando ele estava com 17 anos. Até o fim da sua vida, as *pashus* (almas confinadas) experimentaram a sublimidade na presença silenciosa dele. (*Tripura Rahasya*, o texto sobre a Deusa que citei, era seu livro sagrado favorito.) Ela tirou a vida de Adi Shankaracharya quando ele tinha 8 anos e estava tomando banho no rio fora da sua aldeia. Sua obra-prima, *Saundarya Lahari Ananda Lahari* ("Ondas de Beleza, Ondas de Alegria"), escrita vinte anos depois, pouco antes de sua morte física, consta de cem versos em louvor a essa Deusa. É considerado o mais belo poema do idioma sânscrito. Ammachi ainda era uma menina quando a massa resplandecente de luz dourada banhou-lhe o ser e ordenou-lhe que servisse a todos os seres. Cada mestre, a seu modo, personifica a Deusa — não para "voltar ao útero", mas para voltar à origem do seu próprio ser, do ser de todas as pessoas.

Sri Aurobindo, o sábio de Pondicherry, celebrou essa união em *A Mãe*, afirmando que: "Quando você está completamente identificado com a Mãe Divina, não se sente um outro ser, instrumento, servo ou trabalhador, mas realmente um filho e uma porção eterna da sua consciência e da sua força. Ela está sempre em você e você nela: para você, será uma experiência constante, simples e natural que todos os seus pensamentos, suas visões e ações, sua própria respiração ou seu movimento, venham dela e sejam dela." Naquele momento interminável, você é conscientemente "um fluxo do Supremo, um movimento divino do Eterno".

É preciso esclarecer que quando os livros sagrados como o *Chandi* ou os sábios como Aurobindo chamam a realidade definitiva de "ela", não estão, de modo algum, querendo dizer que o ser com existência própria é feminino. Isso seria tão absurdo quanto a noção ocidental de que Deus é masculino. A consciência informe não tem sexo, corpo ou pensamento. Contudo, desde épocas imemoriais, os sábios já haviam observado que aquilo que é a essência do universo se comportava como mãe. Manifestava os mundos para fora da própria essência, que parecia um útero. Alimentava a vida. Criava belas formas. E quando eles se desviavam de suas leis, os corrigia com paciência. Assim, essa ação aparente do ser sem ação foi designada com a mais bonita e mais primária das palavras em sânscrito: *"Ma."*

O paradoxo de que uma consciência suficientemente vasta para abranger todas as dimensões de todos os universos que surgem simultaneamente pode intervir na nossa vida é interpretado em diversos níveis. Um deles é a aparição da Deusa, sob qualquer uma das suas numerosas aparências, em visões que transformam a vida das pessoas que a evocam — e, às vezes, para aqueles que não perceberam que a estavam evocando. Não se engane: Kali, Lakshmi e Saraswati estão aparecendo, agora, para os hindus, na Índia, em Mauritius e em Detroit, como a Madona está aparecendo para os católicos em Medjugorje e, em Quan Yin, para os marinheiros chineses no mar Amarelo. Os hindus, é claro, consideram essas aparições disfarces ainda mais reveladores da Mãe.

Dizem também que a Mãe, quando deseja, assume um corpo humano. Segundo os dois maiores clássicos espirituais da Índia, o *Devi Bhagavatam* e o *Markandeya Purana*, a Deusa encarnou-se em Krishna Vasudeva e cumpriu sua promessa de descer para pôr fim à opressão no mundo. Muitos hindus acreditam que Krishna foi um avatar, e ele é conhecido pelos estudantes de ioga ocidentais como o narrador iluminado do Bhagavad Gita. Krishna alcançou seu objetivo com estratégias que resultaram na verdadeira Primeira Guerra Mundial, descrita no *Mahabharata*, aniquilando a avançada civilização do vale do Indo/Saraswati, que floresceu de cerca de 6000 a.C. a 3000 a.C.. Dessa vez, os demônios que a Deusa veio destruir eram humanos — o príncipe Duryodhana e seus correligionários —, e o custo para a humanidade foi o colapso da cultura dominante daquela época.

— No passado, a Mãe Divina precisou matar os demônios — diz o swami Amritsvarupananda, um *sannyasin* do sul da Índia. Referindo-se às grandes mulheres santas contemporâneas como Ammachi, ele acrescenta: — Hoje em dia, a Mãe Divina mata os demônios que estão no nosso interior. Agora, ela nos conquista com amor.

Isso nos obriga a responder ao seu amor antes que ela recorra novamente a métodos mais extremados. Supondo que nossa cultura estivesse devastando a biosfera, fazendo que as depredações de tiranos como Duryodhana, se fossem comparadas, se parecessem com acampamentos de escoteiros, talvez fosse iminente uma intervenção da Mãe de uma forma mais feroz.

Os livros sagrados declaram que a Deusa manifestou de "uma fração de uma fração" de sua majestade todas as dimensões do espaço e do tempo. Ela é tudo o que existe e, ainda assim, é infinitamente mais. Hoje, muitas feministas, na ânsia de restabelecer uma ligação com a energia terrena e o valor do físico, rejeitam os aspectos transcendentes da Deusa. Do ponto de vista de um *shakta*, isto é como trazer para casa a fotografia do filho recém-nascido e mostrá-la para todo mundo, dizendo: "Aqui está meu bebê!", e esquecer o neném no hospital.

A literatura tântrica reitera que Rajarajeshvari, "a Suprema Imperatriz Soberana", é totalmente transcendente e, no entanto, está completa, plena, conscientemente presente em cada átomo no espaço. Nessa teologia, ser transcendente significa estar presente em cada partícula de matéria, em cada vibração de energia, em cada batimento cardíaco. Consequentemente, cada objeto e cada ação humana são sagrados, ou podem ser sagrados se a sua divindade inata for respeitada. Essa compreensão constitui o fundamento do ritualismo tântrico. Reverencia o mundo. Santifica até mesmo a face "feia" do mundo: a doença, a decrepitude, a morte. Exorta-nos a cumprir, de modo eficaz, nossas responsabilidades no mundo. Mas confunde o mundo com a realidade a ele subjacente. Os mundos vêm e vão. A Deusa permanece.

Para compreender o que um hindu vê ao olhar para uma mulher iluminada, é necessário uma concepção do mundo que inclui uma Deusa totalmente transcendente que, no entanto, pela compaixão, é movida a atuar no mundo, e a capacidade dos seres humanos de servirem de veículo à sua sublime e sábia energia. Quando Sri Ma anda por uma rua na Índia, as pessoas se atiram no chão à sua frente. Elas não estão se prostrando diante de uma camponesa do Assão, mas ante uma força consciente que existe além do espaço e do tempo. Nem todo condutor de jinriquixá de Calcutá vai articular essa teologia para você, mas cada devoto que pressiona a cabeça na terra diante de Sri Ma sente isso. Eles cresceram com esse entendimento. Isso é a alma da Índia. Talvez seja a alma do mundo.

Como saber se estamos ou não diante de uma santa? A verdadeira santa compreende que os devotos que fazem reverências diante dela estão, de fato, prestando homenagens à matriz cósmica. No Ocidente, nas últimas décadas, temos observado o triste espetáculo de mestres espirituais que se apropriam daquela reverência para si mesmo. Na Índia, os oradores egoístas, mesmo quando bem articulados, não se firmam na posição de guru. Com milhares de anos de experiência, os indianos sabem quando é a radiância da Mãe, brilhando em um corpo humano, e quando é a de Mahisha, aquele demônio do engrandecimento que é muito inteligente e muda de forma.

Como é possível que nós, ocidentais, com toda a nossa sabedoria mundana, tenhamos perdido a capacidade de distinguir um santo de um trapaceiro escorregadio? Fico pensando se foi quando perdemos a Deusa; quando começamos a dizer a nós mesmos que somos basicamente pecaminosos, em vez de essencialmente divinos; quando aceitamos que Deus se personificou aqui na Terra apenas uma única vez, em vez de aceitarmos que a Deusa está encarnando aqui continuamente, em todas as épocas, em todas as culturas; quando nos esquecemos de que, para ver a face de Deus, só precisamos olhar para a pessoa que está sentada ao nosso lado. Nós desistimos da nossa autoridade espiritual ao entregarmos a chave do céu para um grupo de sacerdotes que parecem ter se esquecido de onde a guardou. Agora, estamos trancados do lado de fora do nosso próprio ser divino. E qualquer patife que chega insistindo que pode nos conduzir até lá novamente nos parece ótimo!

As mulheres santas que tenho tido o privilégio de encontrar são, num sentido muito real, a antítese dos pregadores religiosos do Ocidente. Elas não nos dizem em que acreditarmos, mas nos mostram como viver. Em vez de condenarem aqueles cujos hábitos diferem dos seus, elas os servem. Em vez de insistirem que uma única facção especial tem direitos exclusivos sobre o conhecimento salvador, enquanto todas as outras estão eternamente condenadas, elas sugerem tranquilamente que uma luz divina brilha em cada coração; nós só precisamos remover a campânula que cobre a chama. Para mim, os atuais televangelizadores se parecem suspeitosamente com Mahisha, mas, agora, tendo me sentado com mestres que não permitem que ego ou doutrina se interponha entre eles e as almas amigas, minha visão não é preconcebida.

Ser despossuída de ego não é ser incolor; na verdade, as mulheres santas que tenho encontrado são prismas — possuem os muitos matizes do divino. Mas o que é "real" nelas não é sua personalidade; é o *shakti* que emana delas, a energia da Deusa.

Como uma mulher ocidental contemporânea, meus encontros com as santas indianas nem sempre foram rapsódicos. Nós, mulheres ocidentais, mal começamos a rejeitar a humildade e o desprendimento como os grilhões de uma sociedade patriarcal, e aparecem essas mulheres para nos dizer que isso não são valores antifeministas, mas sim genuinamente espirituais. Nós mal começamos a desenvolver o ego e aparecem essas mulheres para nos conduzir à ausência de ego. Estamos apenas começando a nos sentir satisfeitas com o próprio corpo e elas nos dizem que o corpo é nossa parte menos importante. Mais de uma vez, minha reação a essas mulheres foi uma explosiva atitude feminista em vez de uma comovente entrega.

Como adolescentes, lutamos para nos libertar de nossa mãe e das ideias do que nós, mulheres, podemos e devemos ser. As santas da Índia nos dirigem não para o que desejamos ser, mas para o que realmente somos, acima de qualquer identificação com nossa mãe, nossa raça, nosso planeta. Elas nos dirigem para a alma da natureza, o coração do espírito: para nossa verdade mais profunda. Elas afirmam que, lá, encontraremos *ananda*, bem-aventurança. E depois, como elas, nós vamos compartilhar isso.

Talvez seja necessário salientar que quando as mulheres santas indianas ensinam a humildade e desprendimento, estão se dirigindo tanto aos homens quanto às mulheres.

Além disso, a vida delas revela que a verdadeira humildade está enraizada na força inabalável e que o desprendimento é uma compreensão profunda das atividades do ego. Elas não se tornaram meramente servas da humanidade, mas *devis*, deusas, transparentes ao resplendor da divindade, embora indissolúveis como diamantes. Se você não acredita em mim, vá sentar-se na presença delas. Se você não consegue encontrar a Deusa em si mesmo, com certeza irá vê-la nelas. Olhe para o rosto de Sri Ma ou de Gurumayi. É um espelho. Veja o seu Eu ali.

O que uma mulher iluminada vê quando olha para nós? Uma massa de consciência, ilimitada, autoconsciente. Ela vê a si mesma. "Quando o sábio vê o Eu em todos os seres e todos os seres no Eu, esse vidente ama todas as pessoas e todas as coisas", diz o Veda.

Que cada um de nós possa residir nesse amor.

Durante séculos, a sabedoria das mulheres santas da Índia foi o segredo mais bem guardado do sul da Ásia. Hoje em dia, Nirmala Devi inicia os ingleses na Sahaja Yoga, enquanto Meera Ma banha todos os alemães na radiância da sua presença iluminada, em Thalheim. Ammachi apresenta a essência mais pura do Tantra para Estocolmo e Gurumayi constitui um novo centro de meditação perto de Melbourne.

Hoje, no Ocidente, falamos do retorno da Deusa. Se as "mães divinas" da Índia representam algum sinal, a Deusa está trazendo suas filhas consigo, e com força total. Como uma maré purificadora, a santidade dessas mulheres, antes reservada a suas famílias, está começando a envolver o mundo.

Fontes

Para mais informações sobre as mulheres cujos perfis foram apresentados neste livro, por favor entre em contato com as organizações a seguir relacionadas. Se você tem histórias pessoais sobre experiências com mulheres santas para compartilhar, sinta-se à vontade para entrar em contato com a Editora Nova Era.

Sri Ma: O "Templo da Deusa", em sânscrito, também é a melhor fonte de informações nos Estados Unidos sobre métodos tradicionais do ioga para adoração à Mãe Divina.

Anandamayi Ma: Recomendo o *Sri Anandamayi Ma: Her Life, Her Message*, uma extraordinária fita de vídeo, disponível no Matri Satsang, que inclui gravações raras dos últimos anos de vida da "mãe impregnada de alegria".

Anandi Ma: Ela também tem centros em Woodbury, CT, e Portland, ME. Anandi Ma passa a maior parte do ano nos Estados Unidos e é bastante acessível.

Gurumayi: SYDA Foundation, P.O. Box 600, South Falls-burg, NY 12779, USA. As fitas de vídeo, os cassetes e os CDs produzidos pela SYDA são caros, mas de incomparável qualidade. A revista mensal da SYDA, *Darshan*, é um dos melhores periódicos espirituais do mundo.

Ma Yoga Shakti: Ma Yoga Shakti International Mission, 114-23 Lefferts Blvd., South Ozone Park, NY 11420, USA. Ma Yoga Shakti é autora de diversos livros e panfletos autorizados sobre técnicas de ioga e filosofia espiritual.

Ammachi: A compilação do swami Amritsvarupananda das conversas informais de Ammachi com visitantes e discípulos (*Awaken Children! Conversations with Mata Amritanandamayi*), em diversos volumes, é o relato mais completo e inspirador da vida cotidiana de uma santa desde o *Gospel of Sri Ramakrishna*, de Mohendranath Gupta.

Leituras adicionais

As the Flower Sheds Its Fragrance, Atmananda. Shree Shree Anandamayee Charitable Society, Calcutá, 1983. Um vívido relato pessoal de Anandamayi Ma compilado por seu tradutor para o inglês.

Ashes at my Guru's Feet, Gurumayi Chidvilasananda. SYDA Foundation, South Fallsburg, NY, 1990. Uma descrição poética surpreendentemente íntima da viagem espiritual de Gurumayi.

The Concise Yoga Vasistha, Swami Venkatesananda. State University of New York Press, Albany, NY, 1984. Vale a pena ler o surpreendente (e volumoso!) *Yoga Vasistha,* mas se o tempo não permitir que você leia o terceiro livro mais longo da literatura mundial, esse compêndio resume as histórias de iogues míticas como Lila, devota da deusa Saraswati, e Chudala, rainha de Malava.

Gauri Mata, Saradeswari Asram. Saradeswari Asram, Calcutá, n.d. Biografia de Gauri Ma (1858-1938), fundadora da Escola Livre para Moças Hindus. Gauri Ma renunciou a uma vida luxuosa para se devotar à prática espiritual e, mais tarde, renunciou à disciplina solitária em prol do serviço social.

Great Women of India, Swami Madhavananda e Ramesh Chandra Majumdar, eds. Advaita Ashrama, Mayavati, Índia, 1953. Um levantamento completo da história e da mitologia das notáveis mulheres indianas, muitas das quais foram gigantes espirituais.

Hidden Journey, Andrew Harvey. O relato poético de Harvey sobre seu encontro com Meera Ma, uma radiante personificação da Mãe Divina que, atualmente, vive próximo de Frankfurt, Alemanha.

Holy Mother, Swami Nikhilananda. Ramakrishna-Vivekananda Center, Nova York, 1982. Biografia de Sarada Devi, uma camponesa de Bengala reverenciada como uma encarnação da Mãe Divina.

Kindle My Heart: Wisdom and Inspiration from a Living Master, Vol. I, Gurumayi Chidvilasananda. Prentice Hall, NY, 1989. Palestras de Gurumayi. Vol. II publicado por Simon & Schuster, NY, 1992.

Lalleshwari: Spiritual Poems by a Great Siddha Yogini, Swami Muktananda. Gurudev Siddha Peeth, Ganeshpuri (Índia), 1981. Um relato breve, mas muito agradável de ler, sobre a vida e os ensinamentos da mestra do Kashmiri Shaivite do século XIV, Lalla.

Mata Amritanandamayi, Amritatma Chaitanya. Mata Amritanandamayi Mission Trust, Vallickavu (Índia), 1988. Biografia de Ammachi, que, apesar de uma infância de abusos físicos e psicológicos, amadureceu como uma das maiores santas da Índia atual.

Matri Darshan: A Photo Album About Shri Anandamayi Ma, Atmananda, *et al.*, trad. Mangalam Verlag S. Schang, Alemanha, 1988. Primorosas fotografias de Anandamayi Ma, com citações dos seus ensinamentos em inglês, alemão e francês.

Mother of All, Richard Schiffman. Sree Viswa Jananee Parishat, Jillellamudi (Índia), 1983. A vida de Anasuya Devi (Jillellamudi Ma), que demonstrou que uma mulher pode ser uma dona de casa e a Mãe do Mundo ao mesmo tempo!

One Life's Pilgrimage, Srimata Gayatri Devi. Vedanta Center, Co-hasset, MA, 1977. Biografia da primeira *sannyasini* a ensinar nos Estados Unidos. Gayatri Devi, atualmente bastante idosa, continua sendo a diretora espiritual do Ananda Ashram, fundado pelo swami Paramananda em La Crescenta, Califórnia.

Sweetness and Light: Life and Teachings of Godavari Mataji, Mani Sahukar. Bharatiya Vidya Bhavan, Bombaim, 1966. A história da vida de Godavari Ma, sucessora de Upansani Baba, o polêmico iogue que chocou a Índia pregando a superioridade espiritual das mulheres.

They Lived with God: Life Stories of Some Devotees of Sri Ramakrishna, Swami Chetananda. Vedanta Society of St. Louis, 1989. Inclui relatos sobre a vida das principais discípulas de Bengala do século XIX, algumas das quais, por méritos próprios, tornaram-se santas.

Tripura Rahasya (ou The Mystery Beyond the Trinity), Ramanananda Saraswathi, trad. T.N. Venkataraman, Tiruvannamalai (Índia), 1980. Provavelmente, esse é o maior clássico produzido pelos Shaktas (devotos hindus da Mãe Divina) desde a época medieval. Além de descrever quem e o que a Deusa realmente é, e como vivenciá-La (e o que vai lhe acontecer quando você o fizer!), narra a história da vida e dos ensinamentos transformadores da iogue Hemalekha.

Women Saints East and West, Swami Ghanananda e John Stewart-Wallace, eds. Vedanta Press, Hollywood, 1955. Um compêndio clássico de biografias espirituais.

Glossário

adhikara	Qualificações que devem ser obtidas antes que a pessoa seja considerada apta a receber o conhecimento sagrado. Merecimento.
adi shakti	Consciência/energia primordial.
ahankara	Ilusão de se considerar um ser individual.
ahimsa	Não violência. Nunca prejudicar as pessoas é a regra número 1 da prática do ioga.
akka	Irmã mais velha.
ananda	Bem-aventurança.
arati	Ritual no qual uma divindade ou um guru é honrado com mantras e o tremular de luzes.
avadhuta	Santo cujo centro de consciência está estabelecido além da mente. Frequen-

temente, percebido pelas pessoas como louco ou amoral.

avatar	Uma encarnação da divindade.
Ayurveda	O antigo sistema de medicina natural da Índia.
bedi	Um banco de terra ou de concreto que circunda uma árvore sagrada.
bhajan	Canção devocional.
Bhagavad Gita	Literalmente, "a canção de Deus". Consiste numa parte especialmente sagrada do épico indiano *Mahabharata*, na qual Krishna (ver página 200) encoraja o príncipe guerreiro Arjuna a entrar na batalha contra um tirano. No decorrer da conversa, Krishna também revela a natureza da realidade!
bhairavi	Iogue tântrica.
bhakti	Devoção ao divino.
bhang	Haxixe.
Bhumeshvari	Deusa da Terra.
bhumi	A Terra.
Brahma	O deus que criou este universo. (Na cosmologia hindu, também existem muitos outros universos.)
brahmacharin	Literalmente, "pessoa que anda com Deus". Discípulo celibatário comprometido com a vida espiritual.
Brahman	A realidade definitiva, caracterizada por ser, consciência e bem-aventurança.
brahmarishi	Literalmente, "aquele que vê Deus". Título honorífico de um grupo selecio-

nado de sábios védicos especialmente reverenciados.

brahmin Membro da casta sacerdotal da Índia.

carma A ação e suas consequências.

chacra Vórtice de consciência/energia dentro do corpo.

chit Consciência.

chitta Mente.

darshan Literalmente, "visão". Ver um santo ou uma divindade.

deva Literalmente, "ser luminoso". Um Deus.

devi Deusa.

dharma Religião ou ação correta.

dhyana Meditação.

Durga A Mãe Divina como deusa guerreira, protegendo os devotos e também matando tudo o que não é divino no interior deles.

ghee Manteiga purificada. Ofertada ao fogo sagrado durante os rituais hindus. Também utilizada para efeitos auspiciosos na culinária indiana!

gopis Ordenhadoras de Vrindavan que se apaixonaram pelo príncipe vaqueiro Krishna.

griham Lar ou casa.

grihasthashrami Literalmente, "a pessoa que faz do seu lar seu *ashram*". Chefe de família.

iogue Aqueles que usam as técnicas do ioga para se estabelecer na sua natureza divina.

jagad guru	Mestre mundial.
japa	Recitação de mantras.
jnana	Conhecimento divino.
Kali	A forma ameaçadora da Deusa.
kanchukas	Contrações da consciência onipresente que tornam possível a consciência finita.
kanya kumaripuja	Rito no qual uma jovem é adorada como Deusa.
kanyadin	Convento hindu.
kheyal	Guia interior.
kirtan	Canto devocional.
Krishna	Príncipe de Mathura que viveu em torno de 3000 a.C. Muitos indianos acreditam que ele foi um avatar. É alvo de uma enorme devoção religiosa.
kriyas	Movimentos involuntários durante os quais os bloqueios ao fluxo da *Kundalini* são amenizados.
kumbha mela	Festival religioso que acontece na confluência dos rios Yamuna e Ganges a cada quatro anos. Mais de 30 milhões de peregrinos se reúnem para esse evento, tornando-se a maior convocação ritualística do mundo.
Kundalini	A energia da consciência manifestada num corpo físico.
Lakshmi	Deusa da prosperidade e da boa sorte.
linga	Pedra emblemática sagrada de Shiva.
Ma	Literalmente, "Mãe". Na Índia, frequentemente, as mulheres santas e também a própria Deusa são denominadas *Ma*.

maha	Literalmente, "grande", como em *mahatma*, "grande alma", ou em *mahadeva*, "grande deus", ou em *mahavidya*, "grande ciência".
mandala	*Yantra* na qual uma divindade está instalada.
mandir	Templo.
mantra	Palavras ou sons sagrados. Diz-se que meditar com um mantra (considerado o "corpo vibratório" de uma divindade) leva a pessoa a estados superiores de consciência.
maya	Termo usado nos Vedas que significa "a glória da Deusa" — a manifestação material. Posteriormente, passou a sugerir a natureza ilusória (transitória) do universo.
moksha	Libertação espiritual.
nada	Som divino.
namaha	Literalmente, "eu ofereço meus respeitos a".
nirvikalpa samadhi	Profundo estado de meditação no qual é vivenciada a unidade do meditante, do objeto da meditação e do processo de meditação. Percepção baseada na experiência da não dualidade.
pandit	Pessoa de grande cultura, um sábio.
paramahansa	Literalmente, "grande cisne". Título honorífico de uma alma que compreende Deus.
Parashakti	Literalmente, "a Consciência/Energia Suprema".

Parvati	Literalmente, "filha da montanha". A bondosa Deusa de tez escura cujo cônjuge é Shiva e cujos filhos são Ganesha (removedor de obstáculos), a divindade com cabeça de elefante, e Skanda (deus guerreiro).
pashu	Literalmente, "gado doméstico". Metaforicamente, uma alma confinada, acorrentada ao mundo por seus desejos.
prana	Força vital.
prasad	Alimento que foi oferecido a uma divindade ou ao guru da pessoa antes de ser comido. Sendo as "sobras" da refeição da divindade, é especialmente auspiciosa.
puja	Ritual religioso.
Raja Yoga	Ioga clássico que envolve uma vida ética, exercícios físicos e meditação.
rajas	A força da atividade.
Rama	Encarnação divina, marido de Sita e herói do épico *Ramayana*. Também é um outro nome para consciência divina.
rishi	Vidente iluminado.
sadashiva	Literalmente, "verdadeira prosperidade" ou "o bem maior". A realidade suprema.
sadhana	Prática espiritual.
sadhu	Renunciante que devota a vida à compreensão de si mesmo. Normalmente, um nômade.

sahaja samadhi	Literalmente, "meditação natural". O estado da contínua absorção da mente na consciência divina.
sahasrara	Literalmente, "mil pétalas". O chacra correspondente ao córtex cerebral.
sakshin	Testemunha interior. O Eu Superior.
samadhi	O estado mais profundo de meditação.
samskara	Tendência e desejo inconscientes. Podem ter surgido num nascimento anterior da alma.
sanatana	O que é eterno.
sannyas	Renúncia formal.
sannyini	Monja hindu.
Saraswati	Deusa da sabedoria e das artes.
sat	Ser. Verdade.
satsang	Literalmente, "mantendo a companhia da verdade". Confraternização espiritual.
sattva	A força da harmonia.
satguru	Literalmente, "verdadeiro mestre espiritual". O mestre espiritual da pessoa.
satya	Veracidade.
seva	Serviço altruísta.
shaivismo	Escola indiana de pensamento e prática devotada a Shiva.
shakta	Um devoto de Shakti.
Shakti	Energia espiritual. A suprema força consciente: a Deusa.
shaktipat	A transmissão da energia do esclarecimento da linhagem de um guru.

shaktismo	Tradição indiana da Deusa.
shastra	Livro sagrado.
Shiva	Deus da destruição/transformação. Também um nome masculino para a consciência divina, em contraposição a Shakti.
siddha	Literalmente, "o ser perfeito". Um mestre iluminado.
siddhasana	Literalmente, "assento perfeito". Uma postura ioga de meditação.
siddhi	Poder oculto.
sri	Título da mulher muito respeitada.
Sri Vidya	Literalmente, "a ciência suprema". A principal escola do shaktismo. Também um nome da Deusa.
sundari	Beleza.
svarga	Céu.
tamas	A força da inércia.
tapas, tapasya	Autodisciplina espiritual.
tattva	Elemento ou princípio.
tejas	Brilho espiritual.
Tripura Sundari	Literalmente, "a Maior Beleza dos Três Mundos". A suprema Deusa.
turiya	Literalmente, "o quarto". O estado da consciência além dos estados de vigília, sono e sonho.
Vaishnava	Devoto do deus Vishnu ou de seus avatares — Rama ou Krishna.
vasana	Tendência mental. Uma "ranhura" no equipamento de gravação da mente.

Veda	Antigo livro sagrado da Índia (7000-1500 a.C.).
vira	Heróico.
Vishnu	Deus que controla a manutenção do universo.
viveka	Diferenciação entre o que é eterno e o que é efêmero.
yantra	Desenho geométrico usado como foco para a concentração ioga.

Você pode adquirir os títulos da Editora Nova Era
por Reembolso Postal e se cadastrar para
receber nossos informativos de lançamentos
e promoções. Entre em contato conosco:

mdireto@record.com.br

Tel.: (21) 2585-2002
Fax.: (21) 2585-2085
De segunda a sexta-feira,
das 8h30 às 18h.

Caixa Postal 23.052
Rio de Janeiro, RJ
CEP 20922-970

Válido somente no Brasil.

www.editorabestseller.com.br

Este livro foi composto na tipologia Minion-Regular,
em corpo 11,5/15,2, impresso em papel off-white 80g/m²
no Sistema Cameron da Divisão Gráfica
da Distribuidora Record.